Passeport pour
La fiancée des noces.

Mikaël Réale

À tous ceux qui cherchent…

MIXTE
Papier issu de sources responsables
Paper from responsible sources
FSC® C105338

Illustration : The Mare Nostrum Project
© 2022 Mikaël REALE

Édition : BoD · Books on Demand, 31 avenue Saint-Rémy, 57600 Forbach, bod@bod.fr
Impression : Libri Plureos GmbH, Friedensallee 273, 22763 Hamburg (Allemagne)

ISBN : **978-2-3224-6270-4**

Dépôt légal : Décembre 2022

Avant-Propos

Depuis des années, j'ai été travaillé par le Saint-Esprit pour réfléchir à ce que tout un chacun appelait « l'église ».

Je ne suis ni un architecte ni un bâtisseur, même s'il m'est arrivé dans le champ missionnaire d'en bâtir plusieurs au sens littéral du terme. Je préciserai donc ici le fait que l'église n'est pas le bâtiment, mais bel est bien le rassemblement de ceux qui ont été rachetés en Christ. C'est comme ça que je vous invite à comprendre le mot tout au long de ce livre.

Mon propos aujourd'hui est de conduire une analyse de pratique sur ce que nous appelons l'église locale d'une part, et l'Église universelle ou « Corps du Christ » d'autre part.

Entre septembre 2021 et octobre 2022, Cathy et moi avons pris une année sabbatique après 6 ans dans le champ missionnaire autour de la Méditerranée. Pour la première fois depuis 1987, nous n'avons pas fréquenté régulièrement d'assemblée durant cette année. Non pas parce que nous étions blessés, en colère, désabusés ou tout autre sentiment négatif, mais simplement parce que nous nous sommes trouvés éloignés géographiquement de toute église locale et que cela… nous a bien convenu.

Nous ne sommes pas rétrogrades, rassurez-vous ! Et nous sommes tout aussi passionnés par Dieu qu'au premier jour. Je dirais même que cela nous a rendus encore plus amoureux de Jésus et de l'avancement de son Royaume. Mais nous avons ressenti très fortement, alors que nous

nous installions en France, que nous devions apprendre l'importance de… prendre son temps !

En fait, nous avions commencé à changer de rythme dès notre départ de Toulon sur « Indeed »[1] et peut-être même avant, depuis que nous avions quitté l'île de la Réunion en 2001 pour notre première année sabbatique en Angleterre.

À cette époque, Dieu m'avait déjà visité d'une façon si bouleversante que cela avait changé ma vie comme au jour de ma conversion ou de mon baptême dans l'Esprit.

Dieu s'était adressé à moi pour me demander : *« Mais où étais-tu donc, fils ? »*. Et le Saint-Esprit avait attiré mon attention sur le mot clé de la question posée : *fils* !

Bien sûr que Dieu savait où j'avais été durant toutes ces années. Il avait assisté à tout, se réjouissant avec moi de mes succès et s'attristant avec moi de mes échecs. Mais quelque chose d'essentiel avait manqué à notre relation : je ne venais plus à lui comme un fils !

Dieu m'avait rappelé un passé bien trop lointain, où je venais dans sa présence juste pour être avec lui, pour partager un moment parce que je l'aimais, parce que j'aimais sa présence, parce qu'Il était mon Père, parce que j'étais son fils.

Le Saint-Esprit m'avait expliqué : *« Le Père a donné son Fils unique pour être réconcilié avec toi, pour que tu deviennes son fils, pas un employé de sa maison »*[2].

Une autre parole du Seigneur, qui m'avait beaucoup touché, à cette époque, a été celle reçue alors que j'étais dans

---

[1] Voir Passeport pour une marche par l'esprit, même auteur même collection.
[2] Voir Passeport pour une nouvelle identité en Christ, même auteur même collection.

une réunion de pasteurs à Southampton en Angleterre en 2001.

« J'ai oint des serviteurs pour creuser des puits dans le désert. Ceux-ci ont travaillé avec zèle jour après jour, parfois dans la joie, mais souvent dans les larmes, jusqu'à ce qu'ils trouvent de l'eau. L'eau de la vie de l'Esprit. La source du salut.

Mais lorsqu'ils l'ont trouvée, ils ont bâti un mur autour de chaque puits, une margelle pour protéger l'eau des impuretés. Ils l'ont appelée "église", s'en sont proclamé les gardiens et les gens à qui je destinais cette eau de la vie n'y ont plus eu accès.

Alors, voici : Il vient un temps où les pierres qui vous ont servi à bâtir vos églises vous serviront à bâtir des aqueducs qui abreuveront ceux à qui je destinais cette eau. Vous ne serez plus alors les gardiens des puits, mais les canaux qui dispenseront cette eau de la vie à toute ma création.

À ceux qui résisteront à la destruction des murs, j'enverrai des gens qui creuseront un nouveau puits à leur porte et l'eau tarira à l'intérieur ».

Déjà, pasteur à l'île de la Réunion, je m'étais interrogé sur l'étanchéité rencontrée, entre et au sein même, des églises. Nous avions essayé souvent maladroitement de réformer notre façon de pratiquer notre foi au quotidien tout en ayant conservé la structure que nous connaissions : les réunions.

Plus tard, à Toulon, nous avions innové en ouvrant notre assemblée la « Clé sur la Porte » dans un café associatif ouvert 6 jours sur 7, Le « Ruppluged Café ».

Mais en fait, ce que nous changions, ce n'était pas le fond, c'était la forme. Et ça ne servait pas à grand-chose.

Ce n'est qu'en 2015 quand nous avons quitté Toulon sur un voilier de 9 m, Cathy et moi, que nous avons recommencé à établir avec Dieu une intimité qui nous avait échappé depuis trop longtemps.

Alors, cette année, nous avons pris du temps dans sa présence, juste comme ça, pour être avec lui.

De ces rencontres avec lui, nous avons tiré quelques pépites de révélation, quelques frustrations aussi, n'en déplaise à ceux qui pensent que la marche chrétienne se déroule dans le monde parfait des « Bisounours » !

Ne pas aller à l'église pendant près d'un an ne signifie pas non plus que nous rejetons le fait de s'assembler avec nos frères et sœurs. Bien au contraire !

Nous avons régulièrement eu des temps de communion magnifiques. Tout comme nous avons continué à prêcher (rarement), à louer (souvent), à enseigner (de temps en temps). Mais nous nous sommes cependant éloignés du côté systématique de cette réunion que nous appelons le culte bien qu'elle n'en soit pas un, sous bien des aspects.

Le culte, c'est quoi ?

Si l'on en croit les définitions les plus répandues, un culte est un ensemble de pratiques d'hommage ou de vénération rendus par un groupe de personnes à une divinité, à un être vivant mythique ou réel, à un objet, à un concept ou à une personne à qui ce groupe reconnaît une dimension « de supériorité, d'excellence ou de sacré ».

Par extension, le terme peut s'appliquer à des valeurs morales ou sociétales (le culte de la patrie, de la beauté, de l'amour, de l'argent, par exemple) ou à quelqu'un ou quelque chose qui suscite l'enthousiasme ou la passion d'un public (par exemple un film culte, un auteur culte).

Le terme culte peut prendre un certain nombre de sens dérivés, en psychologie, par exemple, le « culte du moi » est apparenté au narcissisme ou dans le langage courant avec l'expression « culte de la personnalité » qui se traduit par une admiration excessive, une adulation du chef par la population au détriment des intérêts de la collectivité.

Dans le protestantisme, le terme de culte est très largement utilisé pour désigner l'ensemble des services religieux.

On voit ainsi que le terme s'écarte de sa définition première pour prendre la signification d'une réunion.

Dans ce contexte strictement religieux, ce que l'on nomme culte s'apparente plus à un ensemble de rites, publics ou privés (culte dominical, culte familial)

De fait, certaines pratiques rituelles peuvent s'apparenter à de l'ésotérisme[3], c'est-à-dire, selon la définition du mot, être réservées à des initiés.

Ainsi, dès les premiers siècles du christianisme et jusqu'à nos jours dans certains contextes d'église, les catéchumènes ne pouvaient assister à la célébration de l'eucharistie ou de la sainte scène qui sont le privilège des baptisés.

La célébration du culte est dès lors souvent réservée à un initié, le prêtre ou pasteur, qui peut avoir été choisi de diverses manières (appartenance à une classe sacerdotale, élection, choix par la divinité ou ordination par l'institution).

L'étymologie du terme culte vient du latin « cultus », dérivé du verbe « colere », qui veut dire au sens propre « cultiver » et par extension « rendre un culte ».

Rendre un culte, ce serait donc « cultiver » ensemble une relation avec une divinité et vouloir la faire « fructifier » pour le plus grand bénéfice moral et matériel (paix, richesse, prospérité, bonheur, salut, santé, etc.) de l'individu ou de la communauté qui le pratique.

Cependant, dans ce contexte, nous voyons que le récipiendaire du culte n'est plus Dieu lui-même, puisque l'on cherche à en tirer un bénéfice.

Ceci me semble aller à l'encontre de la définition initiale qui est de rendre un hommage ou d'une vénération.

Et c'est là que le bât blesse !

« Car toutes ces choses, ce sont les païens qui les recherchent. Votre Père céleste sait que vous en

---

[3] Partie de certaines philosophies dont la pratique devait rester inconnue des profanes. L'ésotérisme est surtout la caractéristique des doctrines qui visent à créer une initiation et une hiérarchie sociale.

avez besoin. Cherchez premièrement le royaume et la justice de Dieu ; et toutes ces choses vous seront données par-dessus »[4].

Il semble, chez beaucoup de chrétiens, qu'ils soient ministères ou simples croyants, la priorité est encore de chercher leur propre bonheur, qui plus est de façon la plus immédiate possible, bien avant de chercher le Royaume de Dieu et sa justice.

---

[4] Matthieu 6: 32-33

À la recherche d'un bonheur perdu !

L'obtention du bonheur est l'un, si ce n'est le souhait, le plus partagé au monde. Être heureux est le but, souvent avoué, de chacun d'entre nous.

Bien que peu de gens puissent en donner une définition, les façons d'atteindre ce fameux « Graal » sont toutes aussi multiples qu'elles sont plus ou moins efficaces.

Cette recherche est tellement fondamentale dans la pensée moderne qu'elle figure dans des écrits fondateurs de la démocratie, telle la déclaration d'indépendance des États-Unis.

« Tous les hommes sont créés égaux, ils sont doués par le Créateur de certains droits inaliénables ; parmi ces droits se trouvent la vie, la liberté et la recherche du bonheur. »

Ce texte exprime les valeurs des « Lumières » qui semblent être, les fondements des droits de l'homme et de la démocratie authentique, mais notre société qui s'en réclame, a vite fait de les oublier.

Demandez donc aux esclaves du commerce triangulaire ce qu'ils pensent de ces belles déclarations issues des révolutions du XVIIIe siècle ?

Au Royaume-Uni, le 26 juillet 1833, la Chambre des Communes vote une loi pour l'abolition progressive de l'esclavage dans toutes les colonies britanniques. Le processus d'émancipation est prévu de se terminer le 1er août 1840. Pour la France, le 27 avril 1848. Le 1er janvier 1863 pour les États-Unis. Mais la fin de l'esclavage sera suivie dans les pays occidentaux d'une longue période de ségrégation et le racisme n'a toujours pas été extirpé de nos sociétés.

Pourtant, le bonheur universel reste dans l'esprit de tous, l'ambition ultime. Et ce, même s'il pourrait se nuire à lui-même !

Les auteurs d'une récente étude, publiée dans « Perspectives on Psychological Science », et explorant les conséquences que peut avoir le bonheur, l'affirment : ce dernier ne devrait pas être considéré comme universellement et intrinsèquement bon.

En pratique, tous les types et degrés de bonheur n'apportent pas forcément les mêmes satisfactions. La recherche du bonheur ne devrait donc pas toujours être considérée comme prioritaire, ni même souhaitable, dans les cas où elle mène les gens à se sentir encore moins bien qu'avant.

June Gruber [5] nous rappelle ainsi que la poursuite d'un but heureux peut se retourner contre soi. Ainsi, les gens qui recherchent le bonheur à tout prix et pour lui-même

---

[5] June Gruber est psychologue clinicienne et professeur de psychologie à l'université du Colorado Boulder. Elle était auparavant professeur à l'université de Yale.

peuvent en définitive se sentir encore moins bien que lorsqu'ils ont commencé cette recherche.

L'explication se trouverait dans les attentes déçues : quand une personne ne se sent pas aussi heureuse qu'elle l'eût prévu ou attendu, c'est finalement l'effet inverse qui se produit sur le sentiment global et diffus de bonheur.

Enfin, un bonheur systématique peut être le signe d'un déficit en émotions négatives (tristesse, culpabilité, honte), ce qui, paradoxalement, n'est pas aussi enviable que cela paraît de prime abord.

Comme nous le voyons souvent dans la pratique de la relation d'aide, les émotions négatives sont des indicateurs utiles pour les relations affectives et sociales.

Par exemple, la culpabilité nous rappelle de nous comporter correctement envers d'autres personnes, la peur empêche de prendre des risques inutiles, etc. Aussi, les émotions qui sont négatives font tout autant que celles qui sont positives, parties d'une vie normale. Elles sont des messagers qui nous informent de situations bien réelles auxquelles il est utile de faire face.

Si nous tuons le messager, sous prétexte que celui-ci n'est pas agréable, avant qu'il ne délivre son message, nous ne pourrons pas réagir à la situation qui risque d'empirer.

Les auteurs de l'étude rappellent que, depuis plusieurs années déjà, la psychologie a découvert le moteur principal du bonheur.

Le vecteur le plus pertinent du sentiment de bonheur n'est ni l'argent ni la reconnaissance à travers le succès ou la célébrité. Ce sentiment est plus simplement lié à la capacité d'avoir et d'entretenir des relations sociales signifiantes.

Ceci implique que la meilleure façon d'atteindre le bonheur semble avant tout d'arrêter de se soucier de l'atteindre !

Il est préférable de dépenser son énergie à nouer et améliorer les liens sociaux et affectifs qui représentent le véritable fond d'une vie heureuse, psychologiquement « équilibrée ».

Et si le bonheur se trouvait, mais ne se recherchait pas ?

La recherche du bonheur pour soi (c'est-à-dire égoïstement) se fait souvent, pour ne pas dire toujours au détriment des autres.

Revenons à notre déclaration d'indépendance des États-Unis. Elle pose comme préambule l'égalité de tous les hommes et leurs droits inaliénables, droit que les USA s'empressent de refuser aux noirs et aux Indiens afin de pourvoir au bonheur cupide d'une poignée de blancs.

Il en va de même « des lumières » qui resteront pour leurs champions des discussions de salon plus que des actes concrets.

Encore aujourd'hui, ne sommes-nous pas adultères à cette « Déclaration universelle des droits de l'homme » dans laquelle nous nous drapons lors des grand-messes républicaines ? Nous la jetons aux orties dès que nous devons vendre à des pays totalitaires nos Airbus afin d'assurer prospérité et bonheur à la France ? Est-ce que la prospérité nationale nous rend plus heureux ? Permettez-moi d'en douter.

Alors qu'une étude montre que, depuis plusieurs années, la Norvège est le pays le plus prospère au monde, une autre étude la montre dans le peloton de tête des pays consommateurs d'antidépresseurs [6] !

Pourtant, le niveau de vie, de confort, de richesse devrait au moins contribuer au bonheur ?

Je pense que cela dépend de ce que nous faisons de tout cela. J'ai eu l'occasion si souvent dans mon ministère de voir des gens qui, malgré toutes leurs possessions, ne semblait jamais atteindre ce bonheur qu'ils convoitaient tant. Et d'autres, dépourvus de tout, qui affichaient en permanence leur joie de vivre et de partager.

La source de leur bonheur était biblique, ils avaient compris qu'il y a plus de joie à donner qu'à recevoir !

Là encore, les études démontrent, comme nous l'avons vu, que c'est dans l'interaction sociale que nous trouvons accomplissement, valorisation et bonheur.

Pour dire cela autrement, c'est quand j'apporte à l'autre du bonheur que je me sens vraiment heureux.

---

[6] D'après une étude du site « Allodocteur »

La clé du bonheur

Abordons maintenant ce principe dans un cadre plus spirituel : la clé du bonheur, c'est de s'aimer les uns les autres !

« C'est ici mon commandement : aimez-vous les uns les autres, comme je vous ai aimés »[7].

On parle souvent des Dix Commandements, et en fait, ce terme n'est pas juste. Pour les juifs, il s'agit des 10 Paroles que Dieu a données pour une raison bien simple, si nous nous y plions, nous trouverons le bonheur !

Se pourrait-il alors que ce commandement ultime de Christ, de s'aimer les uns les autres, soit la clé du bonheur ? Qu'en effet il y ait plus de joie à donner qu'à recevoir.

Un jour, un jeune homme de notre assemblée m'a expliqué qu'il nous quittait, parce ce qu'il avait le sentiment de ne plus rien recevoir parmi nous. Il reconnaissait avoir beaucoup reçu, ces dernières années, mais maintenant, il devait aller plus loin s'il voulait continuer à recevoir. Ce qui semblait être pour lui une évidence m'a beaucoup attristé, car j'aime énormément ce jeune homme et je souffrais de le voir partir. Je me suis consolé en me persuadant que, si je ne pouvais plus rien lui apporter, en effet, il valait mieux qu'il aille ailleurs.

Cependant, après quelques jours de réflexion, je me suis posé la question différemment. Est-il logique de quitter une assemblée sous prétexte qu'elle ne nous apporte plus suffisamment (à notre gout) ?

---

[7] Jean 15:12

Ne serait-il pas plus logique de rechercher ce que nous pouvons apporter à l'assemblée ?

La question mérite d'être posée. Sommes-nous appelés à recevoir toute notre vie et à devenir des consommateurs des dispensations de Dieu ? Si nous sommes en permanence dans une démarche de consommation, nous passons forcément à côté du plan de Dieu qui est pour nous de devenir des collaborateurs de son Royaume.

En effet, Dieu n'attend-il pas de nous que nous lui rendions un culte ? Que nous nous détournions de nos idoles (la plus grande de toutes étant notre ego) pour le servir lui, le Dieu vivant [8] !

On comprend alors ces versets qui nous encouragent à subir des injustices plutôt que d'être un mauvais témoignage. La bible nous invite à nous réjouir d'être battus pour l'évangile et même à donner notre vie pour le Royaume de Dieu et de considérer cela comme un honneur. Paul va jusqu'à considérer que notre mort serait à notre avantage !

Mais tout cela nous demande une maturité que nous ne voyons, hélas, que très peu dans l'église aujourd'hui, particulièrement en occident.

---

[8] 1 Thessaloniciens 1 : 9

Il nous faut grandir !

L'apôtre Jean nous parle de cette évolution dans son épître :

« Je vous écris, petits enfants, parce que vos péchés vous sont pardonnés à cause de son nom.

Je vous écris, pères, parce que vous avez connu celui qui est dès le commencement.

Je vous écris, jeunes gens, parce que vous avez vaincu le malin.

Je vous ai écrit, petits enfants, parce que vous avez connu le Père.

Je vous ai écrit, pères, parce que vous avez connu celui qui est dès le commencement.

Je vous ai écrit, jeunes gens, parce que vous êtes forts, et que la parole de Dieu demeure en vous, et que vous avez vaincu le malin »[9].

Il est dans la logique de l'être humain de parcourir les étapes de sa vie aussi bien physiques, affectives que spirituelles. Quand ce parcours ne se fait pas, on parle alors en psychiatrie de déficience !

Comme le disait mon ami Claude Payan dans une de ses prédications, trop d'églises ressemblent à des « haltes-garderies » pleines de chrétiens en couche-culotte qui veulent lutter contre le diable à coup de biberon !

L'apôtre Paul, lui aussi, nous parle de cette nécessité de grandir spirituellement et d'atteindre une maturité en adéquation avec ce que nous avons reçu. Il est surpris de la

---

[9] 1 Jean 2 : 12-13 :

lenteur de l'évolution spirituelle des gens, quand ce n'est pas de leur régression.

« Nous avons beaucoup à dire là-dessus, et des choses difficiles à expliquer, parce que vous êtes devenus lents à comprendre. Vous, en effet, qui depuis longtemps devriez être des maîtres, vous avez encore besoin qu'on vous enseigne les principes élémentaires des oracles de Dieu, vous en êtes venus à avoir besoin de lait et non d'une nourriture solide »[10].

Il donne une explication sans détour de la raison de cette lenteur à grandir dans sa première lettre aux Corinthiens :

« Je vous ai donné du lait, non de la nourriture solide, car vous ne pouviez pas la supporter ; et vous ne le pouvez pas même à présent, parce que vous êtes encore charnels »[11].

Après des années de conversion, les gens à qui s'adresse l'apôtre en sont encore au lait ! Réfléchissons à ce qu'implique ce manque de croissance spirituelle en prenant exemple sur l'évolution naturelle de l'être humain.

Être « au lait » signifie être un nourrisson, dont l'ego par nature est démesuré. Il est en droit d'attendre du monde extérieur toute l'attention qui lui est due et n'a pas conscience du monde qui l'entoure.

Puis, en grandissant, il apprend, par exemple, quand on le laisse pleurer dans son lit ou encore si l'on ne répond pas à ses caprices, qu'il n'est plus le centre de ce monde dont il prend conscience.

Plus tard, dans un processus de socialisation, il réalise que l'autre, lui aussi, a des besoins légitimes. Il doit alors

---

[10] Hébreux 5:11-12 :
[11] 1 Cor. 3 :3

apprendre à faire face à ses propres frustrations vis-à-vis de l'autre. Ces frustrations, qui sont un élément primordial de ses apprentissages, il devra les gérer tout au long de sa vie. C'est ce que signifie de devenir adulte.

Spirituellement, il en va de même. Un chrétien qui reste « au lait » pense que le monde (ou l'église) tourne autour de lui et de ses besoins. Si cela peut se concevoir un certain temps, il ne peut en être ainsi à vie !

Le nouveau converti va devoir prendre de plus en plus d'autonomie afin que l'église puisse prendre soin de ceux qui arrivent, il va aussi arriver un temps où l'église va devoir compter sur lui pour aider à son fonctionnement. Et un jour, ce sera à lui de devenir parent.

Devenir ces pères & ces mères !

Nous devons comprendre quand nous parlons de l'église locale comme de l'église universelle que c'est Christ qui en est le seul bâtisseur ! Si l'Éternel ne bâtit la maison, en vain, travaillent les bâtisseurs.

« *Si l'Éternel ne garde pas la ville, en vain, la sentinelle veille. Oui, il est vain de vous lever très tôt et de vous coucher tard et de vous donner tant de peine pour gagner votre pain. Dieu en donne autant à ceux qui lui sont chers pendant qu'ils dorment. Des fils : voilà bien l'héritage que donne l'Éternel, oui, des enfants sont une récompense. Ils sont pareils aux flèches dans la main d'un archer, les fils de la jeunesse. Heureux est l'homme dont le carquois en est rempli ! Il ne connaîtra pas la honte quand il plaidera contre l'ennemi aux portes de la ville* »[12].

Quelle est la différence fondamentale entre un adulte et un père ? La réponse semble simple, l'un est physiologiquement apte à enfanter, l'autre l'a fait. Si l'on en reste au niveau biologique en tout cas.

---

[12] Psaume 127

En lisant ce Psaume 127, je réalise deux choses que beaucoup d'entre nous perdent de vue. La première, c'est que lorsqu'il s'agit de bâtir l'église, nous ne sommes pas indispensables, seul Dieu l'est ! La seconde, c'est que nous sommes appelés à être des pères.

Beaucoup de serviteurs de Dieu ont le sentiment qu'ils sont indispensables à l'œuvre dont ils ont la charge. Ils croient, parfois à juste titre, qu'ils sont les plus aptes à occuper la place qu'ils occupent.

Le problème survient quand ils se croient appelés à toutes les places de l'église. Ils sont tellement partout que bientôt, plus rien n'est fait sans eux et ils ont vite le sentiment que s'ils n'étaient pas là, rien n'irait de l'avant !

Ce genre d'attitude les amène à proclamer et à croire des choses aberrantes : MON église, MES brebis, MON ministère…

Dieu nous rappelle qu'Il est le Berger, le Maître de la vigne, que la moisson Lui appartient. En un mot, que nous ne sommes que SES intendants !

Je crois que, de nos jours encore, Jésus pourrait rappeler la parabole des mauvais vignerons[13] à de nombreux « serviteur » !

Dieu nous explique qu'Il attend de nous que nous collaborions avec lui. Il ne veut pas que nous lui expliquions comment Il doit agir pour bâtir son œuvre ! C'est lui qui bâtit, autrement, nous nous épuisons en vain. Il connaît le bon endroit, le bon moment, les bons matériaux, et alors ce qu'il bâtit demeure à long terme.

---

[13] Matthieu 21:33 à 39

Beaucoup, on comprit cela dans les premières années de leur ministère. Conscients de leurs faiblesses, ils laissent Dieu agir pleinement et souvent sont témoins de choses merveilleuses.

Après avoir laissé Dieu bâtir, certains finissent par penser que la vigne est devenue leur propriété. Ils la gardent tant et si bien que Dieu lui-même n'y a plus l'accès ! *Si l'Éternel ne garde la ville, celui qui la garde veille en vain.* Qui est plus à même que Dieu, pour surveiller et soigner SA vigne ?!?

Venons-en maintenant au deuxième point dont parle le psaume. *« Voici, des fils sont un héritage de l'Éternel »*…

Le rôle que Dieu nous confie dans son œuvre n'est donc pas de la bâtir, mais d'être en son sein des géniteurs spirituels.

L'Éternel nous explique qu'un temps vient dans chaque œuvre, dans chaque vie, où ce n'est plus le père qui se tient devant l'ennemi à la porte, mais ses fils.

Pour cela, faut-il encore qu'il ait enfanté.

Tout père est amené un jour à quitter la position d'autorité qu'il détient dans la vie de ses enfants, afin que ceux-ci puissent devenir père et mère à leur tour.

« C'est pourquoi l'homme quittera son père et sa mère, et s'attachera à sa femme, et ils deviendront une seule chair »[14].

Il arrive un temps où chacun est appelé à libérer ses enfants dans leur propre vie.

Il est intéressant que Dieu n'ait jamais prévu que nous devenions des adultes, mais des pères spirituels. Lorsque

---

[14] Génèse 2 :24

Jean nous parle de l'évolution logique du chrétien, il le fait en décrivant les trois phases suivantes : les petits enfants, les jeunes gens, les Pères, comme nous l'avons vu précédemment dans 1 Jean 2 : 12 à 14.

Il est bon de constater que, contrairement à ce que Jean dit aux enfants et aux jeunes gens, les deux remarques faites aux pères sont identiques :

« ... parce que vous avez connu celui qui est dès le commencement ».

Les pères spirituels sont ceux qui ont connu Dieu !

Le terme grec utilisé dans ce texte pour le verbe connaître est « ginosko » qui implique une connaissance particulièrement intime, induite par une expérience personnelle et obtenue par la proximité de la chose connue[15].

Autrement dit, un père, c'est une personne qui est particulièrement proche de Dieu, avec qui ce dernier partage son intimité et qui va pouvoir enfanter de futurs pères qui à leur tour, pourront entrer dans l'intimité de Dieu.

Dans toutes les cultures, les parents sont ceux qui transmettent d'une génération à l'autre les valeurs communes de la société et ont pour rôle d'assurer la pérennité de la civilisation à laquelle ils appartiennent.

- Ce sont les parents qui transmettent l'état civil de leurs enfants.
- Cette identité leur donne ce sentiment d'appartenir à un groupe et d'y être fidèles.

De la même manière, dans l'Église, les pères (mères) doivent transmettre cela à leurs enfants spirituels.

---

[15] Dictionnaire Strong

Le problème auquel l'église doit faire face aujourd'hui, c'est le manque de cette identité en Christ de ses membres. Sans cela, les chrétiens ont des difficultés à passer de la position d'esclave du péché et de la mort à la position d'homme libre, de la position d'étranger au peuple de Dieu à la position d'héritier du Royaume de Dieu !

Au sein de nos assemblées, cette nouvelle identité ne pourra être transmise que par un père ou une mère. Un adulte en Christ n'est pas capable de transmette son identité sans devenir père.

Un adulte ne cherche à prospérer que pour lui-même alors que les parents cherchent en général à prospérer pour laisser quelque chose à leurs enfants. Cet héritage, même s'il est des plus modeste, comprendra au minimum l'identité. Ensuite, pour porter ce nom avec honneur, le père va éduquer ses enfants pour qu'ils puissent perpétuer sa vision du monde de génération en génération. N'est pas ce que Jésus nous dit quand Il nous demande :

« Allez, faites de toutes les nations des disciples… et enseignez-leur… » [16]

Enfin, le rôle du père est de donner à ses enfants ce sentiment d'appartenance à une nation. C'est lui qui transmet à ses enfants sa nationalité, avec les droits que cela implique, mais aussi les devoirs !

Ainsi, notre filiation nous permet de réaliser que nous sommes aujourd'hui citoyens du Royaume de Dieu avant toute autre considération. Lorsque mon fils Maël a reçu la nationalité australienne, celle-ci n'a été effective qu'après qu'il ait prêté serment d'allégeance à sa nouvelle patrie. Cela implique le soutien à sa nouvelle nation et à ses membres.

---

[16] Matthieu 28 : 19

Ne devrait-il pas en être de même vis-à-vis de notre nouvelle nation spirituelle ? Le Royaume de Dieu !

« Ainsi, nous qui sommes plusieurs, nous formons un seul corps en Christ, et nous sommes tous membres les uns des autres »[17].

---

[17] Romains 12:5

Où sont les pères ?

De tout temps, lorsqu'une civilisation a voulu en annihiler une autre, elle a fait en sorte de briser la continuité entre les générations en séparant les enfants de leurs parents afin de couper ceux-ci de leurs racines.

C'est comme ça que les empires babylonien, perse, grec puis romain ont fonctionné. Durant les guerres de religion, on enlevait leurs enfants aux protestants pour les faire élever par des catholiques afin d'éradiquer la foi huguenote.

C'est ce que le diable s'acharne depuis bien longtemps à faire lui aussi ! Nous pouvons constater à quel point il s'est acharné sur la cellule familiale, en particulier au cours du siècle écoulé. Nous entendons depuis des années que nos enfants n'appartiennent plus à leurs parents[18], que leur éducation devrait être le fait de la république uniquement.

Si je suis prêt à déléguer à d'autres l'instruction, ce que prévoit la loi rendant l'instruction obligatoire (et pas l'école), il est clair que l'éducation reste le droit et le devoir des parents.

Le résultat de ce déni de la transmission générationnelle est que les dernières générations ont perdu leurs racines et se retrouvent ballottées de tous bords, en proie à la première mode qui passe ou, pour reprendre Paul,

> *« Ainsi, nous ne serons plus des enfants, flottants et emportés à tout vent de doctrine, par la tromperie*

---

[18] Laurence Rossignol (député) et avant elle Lionel Jospin, alors Premier Ministre.

des hommes, par leur ruse dans les moyens de séduction »[19].

Cette situation de rupture générationnelle se retrouve aussi dans l'église qui, depuis bien trop longtemps, a formé des adultes plutôt que de former des pères.

Comprenons que Dieu est bien moins intéressé par ce que nous savons ou faisons que par ce que nous sommes.

Un bon père en Christ n'est pas celui qui peut apporter toute la connaissance de la parole de Dieu, ni toute la puissance du Saint-Esprit, ni toute la fidélité à sa congrégation.

Un bon père, c'est celui qui va transmettre à ses enfants spirituels le Cœur du Père céleste et amener ses enfants à cette intimité afin qu'ils connaissent celui qui est dès le commencement et qu'à leur tour ils deviennent père.

---

[19] Éphésiens 4 : 14

Pourquoi en est-on arrivé là ?

Nous devons remonter dans le temps de 16 siècles pour comprendre ce qui a créé cet état de fait. Nous allons donc faire ici un peu d'histoire.

En 313, dans une rencontre entre Licinius et Constantin sera promulgué l'édit de Milan qui accorde la liberté de culte à toutes les religions et en particulier aux chrétiens.

Pour la première fois, ces derniers passent du statut de « *superstitio* » (croyance individuelle non reconnue par l'état et de fait illégitime) à celui de « *religio* ».

Le premier de ces vocables désignant une faiblesse, le second un mérite.

Il est important de noter qu'à l'époque où Constantin prend le pouvoir, une persécution radicale sévit contre les chrétiens parce que, selon la loi de l'empire, l'introduction d'une nouvelle divinité est interdite et lui vouer un culte privé est assimilé à un crime contre la cité. *« Que nul n'ait des dieux à part ; que nul n'adore en particulier des dieux nouveaux ou étrangers, s'ils ne sont admis par l'État »*[20]. La religion à Rome est une religion d'État, pour la continuité de l'État.

Il est logique que, par la suite, Constantin montre son désir d'assurer à tout prix, par la conciliation ou la condamnation, l'unité de l'Église, qu'il considère dès ce moment comme un rouage de l'État, et l'un des principaux

---

[20] *De Legibus II VII*

soutiens du pouvoir. Il devient, ce faisant, le véritable « *Dominus* [21] de l'Église ».

En 325, bien qu'il ne soit pas baptisé (ni même converti), Constantin convoque le premier concile œcuménique du christianisme à Nicée et en préside les séances. Il imposera la formule dogmatique finalement adoptée par les pressions constantes qu'il exerce sur les membres de l'Assemblée.

Ainsi se mettra en place, sous son règne, un régime, comme l'a montré l'historien Gilbert Dagron, dans lequel les pouvoirs politiques et religieux, bien que séparés théoriquement, ne sont pas dissociables, car détenteur du pouvoir politique.

Le souci de Constantin, il est vrai, était de consolider l'unité de l'Empire par l'unité de la foi, de la même façon que ses prédécesseurs païens avaient vu dans la pratique du sacrifice à l'empereur une manifestation de loyalisme politique plus que de religion.

Ainsi, la foi chrétienne devait prendre le relais des pratiques païennes, et « l'évêque du dehors » que se voulait être Constantin était en quelque sorte le successeur du « *pontifex maximus* [22] » de l'ancienne Rome.

Le 3 juillet 321, dimanche est décrété jour de repos légal dans l'Empire romain par ce dernier, qui, usant de son droit régalien, se sert de la notion de justitium — une institution romaine qui permettait de suspendre toute activité étatique judiciaire pour marquer un événement marquant.

---

[21] Dominus est un mot latin signifiant « maître », « propriétaire », puis plus tard « seigneur ».
[22] Dans la Rome antique, c'est le titre donné au grand prêtre à la tête du collège des pontifes. C'est la charge la plus élevée en prestige et en obligations au sein de la religion publique romaine.

Si on ne connaît pas ses motivations réelles, il est envisageable qu'elles aient été largement fondées sur des considérations d'ordre socio-économiques pour s'adapter aux coutumes du plus grand nombre, puisqu'à cette époque où les chrétiens ne sont encore qu'une petite minorité, c'était le jour dédié au culte solaire, très répandu.

Après Eusèbe de Césarée, l'Église devenue catholique « transfère la solennité du samedi au dimanche » lors du concile de Laodicée, en 363. Il s'agissait d'empêcher les chrétiens de judaïser en se reposant le shabbat ; enfreindre cet édit était puni par la mort.

Afin de contrôler l'application de ces règlements, un clergé de professionnels va peu à peu être instauré, qui seuls auront le droit de célébrer le culte.

Ensuite, pour assoir l'autorité de ce clergé, interdiction sera faite de se rassembler dans un lieu non dédié au culte.

Pendant la plus grande partie des trois premiers siècles du christianisme, les chrétiens ne bâtissent pas d'édifices spécifiques, se contentant d'utiliser des maisons d'habitation. Le lieu de culte chrétien est avant tout un lieu de rassemblement de la communauté, un lieu de prière et d'enseignement.

Il faut attendre la victoire de Constantin sur Maxence en 312, la légalisation du christianisme et les libéralités impériales pour voir apparaître les premiers lieux de culte par destination.

Là encore, c'est au pouvoir régalien de l'empereur et non à une quelconque exigence biblique que l'on doit le principe « d'aller » à l'église plutôt que « d'être » l'église !

Bientôt, l'édit impérial de Thessalonique est promulgué le 28 février 380 par l'empereur romain Théodose Ier qui se range du côté du christianisme nicéen, qu'il déclare

« catholique » (universel). Dès lors, l'église, après avoir été persécutée pendant 3 siècles, devient persécutante.

« Nous ordonnons que ceux qui suivent cette loi prennent le nom de chrétiens catholiques. Quant aux autres, nous considérons qu'ils encourent, par leur folie et leur égarement, l'infamie attachée aux doctrines hérétiques, que leurs petits groupes ne méritent pas le nom d'Églises et qu'ils seront frappés, d'abord par la vengeance divine, ensuite par un châtiment dont, en accord avec la décision céleste, nous prendrons l'initiative »[23].

Le 8 novembre 392, l'empereur Théodose proclame le christianisme, religion officielle de l'Empire romain et interdit les autres cultes. Les derniers fidèles de ceux-ci sont poursuivis par la fureur fanatique de certains chrétiens.

Devenu religion d'État, le christianisme va se transformer en « chrétienté » !

En effet, le christianisme se définit comme le principe de la foi en Christ, fils de Dieu fait homme, c'est-à-dire Dieu lui-même. Il suppose un engagement libre et personnel qui intègre la personne à une communauté de croyants, et n'est pas déterminé par l'appartenance au corps social.

La chrétienté, quant à elle, relève de l'histoire des sociétés, des espaces géographiques et culturels. Une société peut se structurer selon des repères chrétiens sans s'intéresser à la relation au Christ.

Chrétienté et christianisme sont donc deux réalités distinctes dont la confusion est dangereuse quand la chrétienté finit par remplacer le christianisme.

C'est ainsi qu'au cours des siècles qui suivirent, celui-ci perdra en spiritualité ce qu'il gagnera en influence politique, culturelle et sociétale.

---

[23] Extrait du texte traduit de l'édit impérial de Thessalonique.

Très vite, le canon scripturaire du Nouveau Testament, établi vers 367 par Anastase d'Alexandrie et ratifié en 382 au concile de Rome, va devoir cohabiter avec les exigences du pouvoir séculier.

Cette cohabitation deviendra le socle sur lequel les successeurs de Rome, l'empire carolingien, puis le Saint Empire romain[24], fonderont l'idée même d'Europe en tant qu'entité spirituelle, culturelle et politique.

Comme nous pouvons le constater, un système fondé sur un autre principe que celui de Christ.

---

[24] Le qualificatif saint souligne le droit divin de l'empereur et légitime son pouvoir. En acceptant d'être couronné empereur par le pape Léon III en l'an 800, Charlemagne fonde son empire dans la continuité de l'Empire romain

Et sur ce rocher
Je bâtirai mon église.

« Et moi, je te déclare : tu es Pierre et, sur cette pierre, je bâtirai mon Église, contre laquelle la mort elle-même ne pourra rien »[25].

Le problème, c'est que la majorité des églises chrétiennes ont depuis été construites sur les fondations que nous venons de décrire dans notre petit rappel historique.

Déjà, ce verset de Matthieu a été interprété à tort pendant des siècles pour justifier une filiation papale de Pierre jusqu'à nos jours. Jésus n'a jamais dit qu'Il bâtirait l'église sur Pierre ni sur aucun homme ou pouvoir temporel, mais sur la déclaration de foi et de fait qu'Il est le Messie ! Contrairement à la chrétienté, tout le christianisme repose sur cette identité de Jésus.

Si l'institution est posée sur des fondements humains, l'église, elle est fondée sur Christ, la pierre angulaire[26].

Nous devons reconnaître que nous avons perdu de vue le plan de Dieu pour «son église», même si au cours des siècles, de nombreux pré-réformateurs (Valdo, Wyclif, Hus, Savonarole) puis réformateurs (Calvin, Luther, Zwingli) ont tenté tant bien que mal de réformer l'église.

---

[25] Matthew 16 :18

[26] Ésaïe 28:16 1 Actes 4:10-12 Pierre 2:7-8

Cependant, le fait d'avoir enlevé le statuaire et les indulgences n'a pas empêché Martin Luther de mener au supplice ceux qu'il considérait comme hérétique. Zwingli, grand critique de Rome, de l'adoration de Marie, de la vente des indulgences et convaincu que seule la prédication des Écritures triomphe des abus, lui aussi assouvira son désir de réforme par la force en s'appuyant sur un pouvoir séculier ! Ce qui va faire entrer l'Europe et la France, en particulier, dans le bain de sang des guerres de religion.

Autre problème fondamental, alors que les réformateurs s'opposaient à la hiérarchie religieuse romaine, ils s'en tenaient à la conception institutionnelle dont ils avaient hérité.

Ils professaient que le « ministère » était une chose réservée à ceux qui étaient ordonnés. Ils soutenaient ainsi la disparité clergé-laïc, même si, dans leur rhétorique, ils déclaraient que tout croyant était ministre de Dieu.

Dans leur pratique, ils niaient cela et ainsi, une fois la poussière de la Réforme retombée, ils ont bâti à leur tour sur l'une des fondations que les catholiques leur avaient léguées : un sacerdoce sélectif !

Les réformateurs croyaient que le pasteur possède une autorité de droit divin. Il ne parle donc pas en son propre nom, mais au nom de Dieu lui-même.

On lui devait donc une soumission totale et Calvin a renforcé la supériorité du pasteur en considérant les actions de mépris à l'égard d'un pasteur en tant qu'offenses publiques sérieuses devant être punies le plus sévèrement.

Il en a été ainsi, à travers toutes les générations et jusqu'aujourd'hui, dans nos églises les plus charismatiques et les plus en pointes du christianisme du XXIe siècle.

Beaucoup de pasteurs continuent à fonctionner plus ou moins sur ces principes, en toute honnêteté, parce qu'ils ne se sont jamais posé la question du bienfondé de leur pratique ou par crainte du changement. On leur a enseigné cela depuis des générations et ils se préparent à faire de même avec les générations à venir.

Parfois, et c'est même plus grave encore, par soif de pouvoir ou par désir de gloire.

Non seulement ils n'ont pas formé de disciples, mais, en tant que leader, ils ferment la porte à ceux qui voulaient servir !

Le nombre de témoignages de gens qui ont été obligés de quitter leurs assemblées pour pouvoir entrer dans leur appel est faramineux !

Des responsabilités partagées !

Comme je le disais en commençant ce livre, la recherche de notre propre bonheur a supplanté depuis bien longtemps le désir de servir dans le cœur de beaucoup de chrétiens. Depuis des années, nous avons vu les gens chercher une église comme on cherche un bon restaurant, en fonction du menu et en fonction des avis !

Je suis surpris que personne n'ait inventé une « App » du style de « Trip Advisor » pour noter les églises locales comme on note une attraction, un hôtel, un restau… Je suis sûr qu'il y aurait de l'argent à faire ! Non, trêve de plaisanterie, quelqu'un pourrait mettre en œuvre l'idée !

Le fait est que, même sans une application sur nos portables, ce principe fonctionne aujourd'hui dans le corps de Christ à travers les réseaux sociaux et une certaine forme de « marketing sur la toile ». Ceci démontre l'attitude de beaucoup vis-à-vis des choses de Dieu : le consumérisme.

Combien de foi dans mon expérience de pasteur ai-je eu droit à des remarques du style : « je suis fidèle dans ma dîme depuis des années, j'ai droit à certains égards.

On attend de l'église qu'elle produise un certain nombre de services, un club pour les enfants, un autre pour les ados, une réunion pour les femmes, un petit déjeuner pour les hommes.

Et puis, la pandémie est arrivée ! La prolifération des réunions et cultes en ligne qui devait nous permettre de continuer à nous rassembler a permis à chacun de trouver « autre chose » que le ronron hebdomadaire de nos églises locales. Soudain, on a pu « comparer ».

Une amie m'a avoué qu'elle faisait chaque semaine le tour des annonces sur les réseaux sociaux pour choisir le « culte » sur lequel elle se connecterait.

J'ai participé à certains de ces « zoom » et j'ai pu constater avec assez de consternation le nombre de gens qui suivaient d'un œil la réunion, tout en faisant la cuisine, la vaisselle ou leur ménage, répondre à leur email ou au téléphone parfois sans réaliser que leur micro ou leur vidéo était toujours actif.

Mais surtout, la multiplication des réunions en ligne a fait des choses de Dieu un bruit de fond dans leur vie, auquel ils ne prêtent plus vraiment d'attention.

Si faire de l'enseignement en ligne me paraît adéquat dans une certaine mesure, un culte en ligne est l'antithèse de ce que devrait être un culte.

Cela pousse le principe d'assister au culte plutôt que de rendre un culte à son paroxysme. Pire encore, de plus en plus de gens ne se rassemblent plus que comme ça, devenant des anonymes qui ne doivent rien à personne, qui font le va-et-vient entre les différents programmes proposés sur Internet. Ils ne sont plus engagés nulle part, ils ne s'assemblent plus, ils sont détachés du corps !

Et pourtant, la Bible ne nous dit-elle pas :

« Ne prenons pas, comme certains, l'habitude de délaisser nos rassemblements. Au contraire, encourageons-nous mutuellement, et cela d'autant plus

que vous voyez se rapprocher le jour du Seigneur »[27].

Si nous nous rassemblons, c'est afin de nous encourager les uns les autres et d'apporter une parole de soutien, une prophétie, un témoignage, un chant… de l'amour.

J'ai souvent entendu des gens dire que Jésus n'avait jamais donné de consigne précise concernant le culte, pas plus que les apôtres.

Je ne suis pas vraiment d'accord avec une telle déclaration. Certes, nous ne trouvons guère dans le Nouveau Testament de traces de « notre pratique » du culte, cela ne signifie pas qu'aucune indication n'y est présente !

« Et que la paix de Christ, à laquelle vous avez été appelés pour former un seul corps, règne dans vos cœurs. Soyez reconnaissants. Que la parole de Christ habite parmi vous abondamment ; instruisez-vous et exhortez-vous les uns les autres en toute sagesse, par des psaumes, par des hymnes, par des cantiques spirituels, chantant à Dieu dans vos cœurs sous l'inspiration de la grâce. Et quoi que vous fassiez, en parole ou en œuvre, faites tout au nom du Seigneur Jésus, en rendant par lui des actions de grâces à Dieu le Père »[28].

« Comment donc agir, frères et sœurs ? Lorsque vous vous réunissez, l'un chantera un cantique, l'autre aura une parole d'enseignement, un autre une révélation ; celui-ci s'exprimera dans une langue

---

[27] Hébreux 10 : 25

[28] Colossiens 3 : 15-17

inconnue, celui-là en donnera l'interprétation ; que tout cela serve à faire grandir l'Église dans la foi »[29].

Comme nous pouvons le constater dans ces versets, le culte, c'est l'affaire de tous et pas d'un « pro » et de son « staff » ! En un mot, nous nous assemblons pour être des acteurs du culte, pas pour être des consommateurs de réunions en ligne ou en présentiel !

Cet héritage de la professionnalisation du clergé et de la normalisation du culte nous a, non seulement, éloignés de la parole, mais aussi du fait de rendre un culte à Dieu tel que nous l'avons défini précédemment.

Car le but de nos rassemblements c'est avant tout de servir Dieu, de lui dire qu'Il compte vraiment pour nous, d'élever son Nom, de mettre nos vies en résonance avec lui.

---

[29] 1 Corinthien 14 26-31

Servir le Dieu vivant !

« ... et comment vous vous êtes convertis à Dieu, en abandonnant les idoles pour servir le Dieu vivant et vrai »[30].

Quelle différence y a-t-il entre Dieu et ces idoles ? La plus importante, vous en conviendrez, c'est que Dieu est un Dieu vivant ! Ce n'est pas une idole de pierre, même si certains aiment à le représenter comme tel, sur les croix de leurs Églises.

Il ne sert à rien de servir une statue faite de main d'homme. Croyez-vous que cela réchauffe une statue, que de lui brûler des milliers de cierges ! Ces idoles sont inertes parce que mortes. Elles ne peuvent rien pour vous, si ce n'est de vous conduire à votre perdition !

« Les autres hommes... ne se repentirent pas des œuvres de leurs mains, de manière à ne point adorer les démons, et les idoles d'or, d'argent, d'airain, de pierre et de bois, qui ne peuvent ni voir, ni entendre, ni marcher »[31].

Jésus, lui, est ressuscité, Il est vivant et c'est pourquoi nous pouvons et devons le servir.

Être converti, comme nous le voyons maintenant, c'est aussi servir Dieu, qui, parce qu'il est vivant, a des besoins. Un jour où je déclarais cela, un jeune homme s'est mis en

---

[30] 1 Thessaloniciens 1: 9 & 10
[31] Apocalypse. 9: 20

colère et m'a presque traité de blasphémateur, car il considérait que je rabaissais Dieu en disant qu'Il avait des besoins, puisqu'Il se suffit à lui-même étant omniprésent, omnipotent, omniscient.

Je suis entièrement d'accord avec le fait que Dieu aurait pu se suffire à lui-même, mais cela n'a pas été son choix. Il a choisi d'avoir besoin de nous, ou plutôt d'avoir besoin d'une relation avec quelqu'un crée à son image.

Dès les premiers chapitres de la Genèse, et tout au long de la Bible, nous pouvons constater que l'Éternel est un Dieu de relations.

Il constate, en contemplant l'homme, que celui-ci ne peut rester seul[32]. Dieu ne se pose pas le problème pour le reste de sa création, mais uniquement pour l'être humain, car celui-ci est créé à son image et il a donc des besoins similaires à ceux de son créateur.

Dieu va donc séparer en deux cet être humain en un homme et une femme vis-à-vis l'un de l'autre et, par la même occasion, instaure le mariage. Symbole qu'Il utilisera tout au long de la Bible pour définir sa relation avec son peuple, puis avec l'église.

Durant tous les premiers chapitres de la Genèse, nous voyons aussi que Dieu visite régulièrement les hommes. Il s'entretient avec Adam pour voir comment celui-ci nommera les animaux, le soir venu, Il vient visiter le premier couple. Dieu fait partie intégrante de leur vie.

Dans la Bible nous trouvons d'autres besoins que Dieu exprime. Par exemple, lorsqu'Il déclare :

« Je cherche parmi eux un homme qui élève un mur, qui se tienne à la brèche devant moi en faveur du

---

[32] Livre de la Genèse

pays, afin que je ne le détruise pas ; mais je n'en trouve point »[33].

Dieu a besoin d'intercesseur !

Alors que le Seigneur Jésus parlait avec la femme samaritaine, Il nous révéla une autre catégorie des personnes que Dieu recherche. Lisons, la Bible nous dit :

« Mais l'heure vient, et elle est déjà venue, où les vrais adorateurs adoreront le Père en esprit et en vérité, car ce sont là les adorateurs que le Père demande »[34].

Dieu a besoin d'adorateurs ! Des personnes qui l'adoreront en esprit et en vérité.

Enfin, le Seigneur nous dit qu'Il a besoin d'ouvrier.

« Mais vous recevrez une puissance, le Saint-Esprit survenant sur vous, et vous serez mes témoins à Jérusalem, dans toute la Judée, dans la Samarie, et jusqu'aux extrémités de la terre »[35].

Dieu a besoin de témoins !

Jésus nous dit que ceux qui font la volonté de son Père, c'est à dire qui répondent à ses besoins, ceux-là hériteront du Royaume des Cieux.

Quand nous proclamons que Christ est « Seigneur », nous disons littéralement que nous lui appartenons. Nous devenons ses esclaves, et donc, nous lui donnons une autorité complète sur notre propre volonté.

---

[33] Ézéchiel 22 :30
[34] Jean 4:23
[35] Actes 1 :8 :

Dès lors que nous soumettons toute notre vie à son autorité pleine d'amour, nous pouvons déclarer comme Paul :

« ... *ce n'est plus moi qui vis, c'est Christ qui vit en moi* »[36] !

Trop de chrétiens, depuis qu'ils doivent se contenter d'aller à l'église, acceptent quand ils le font Jésus comme « Sauveur » sans vraiment le considérer comme leur « Seigneur ».

S'ils le font sincèrement, ils reçoivent le salut et cela transforme leur vie. Ils arrêtent de pécher, dans une certaine mesure, ils vont à l'Église, parfois ils ont même abandonné leurs idoles ! Mais qu'en est-il de la notion de servir ?

Elle est absente chez la majeure partie des chrétiens, ce qui explique que nos cultes sont devenus des réunions où l'on s'occupe principalement des gens et très peu, voire pas du tout de Dieu.

Avec plusieurs pasteurs de différents milieux évangéliques, nous avons un jour fait la constatation suivante. Nos « cultes » durent en moyenne 2 heures qui se répartissent plus ou moins de la façon suivante :

- Un moment de communion fraternelle pour commencer.
- Le quart d'heure toulonnais (ou parisien, mexicain, africain, américain), on le retrouve en fait partout. C'est cette sorte de flottement plus ou moins long où l'on n'arrive pas à démarrer notre réunion dominicale.

---

[36] Galates 2: 20.

- Un temps de « louange » plus ou moins long conduit par une équipe assignée. Assez souvent une animation pour que les chrétiens se défoulent avant le moment central de la réunion.
- La dîme et les offrandes avec le rappel de tous les besoins financiers de l'assemblée.
- Les annonces, que l'on place là, sinon les gens qui partent avant la fin n'auront pas les infos.
- La prédication, qui, comme nous l'avons vu dans notre chapitre historique, est dans les milieux protestants l'apogée du culte
- La sainte cène, quand elle est célébrée.
- La prière pour les malades quand elle est pratiquée.
- Un moment de communion fraternelle pour terminer.

Nous avions même noté plus ou moins en minutes ce que chaque étape prenait et nous avions dû constater que ce que nous appelions culte était en fait orienté presque exclusivement vers les gens.

Si Dieu se réjouit certainement de toutes ces choses qui sont bonnes en soi, elles ne répondent guère à ses besoins.

C'est comme si nous organisions l'anniversaire de quelqu'un, mais dont personne ne s'occuperait, tant tout le monde serait accaparé par la fête qui commence.

Cela ne vous rappelle-t-il pas étrangement cette remarque de Christ :

> « *Voici : je me tiens devant la porte et je frappe. Si quelqu'un entend ma voix et ouvre la porte, j'entrerai chez lui et je dînerai avec lui et lui avec moi* »[37].

C'est à l'église que Jésus parle dans ce verset, pas au monde. Serait-il à l'extérieur de l'église ?

D'une certaine façon, je le crois, car, s'il est présent au milieu de deux ou trois assemblés en son nom, l'est-il en tant que Seigneur de la fête ? Jésus, dans son temps, enseignait en disant :

> « *N'est-il pas écrit : ma maison sera appelée une maison de prière pour toutes les nations* »[38] ?

Oui, je sais, il s'agit d'un autre contexte et je ne prétends pas que les églises sont des repaires de brigands, loin de là. Mais en citant Esaïe, le Seigneur ne tente-t-il pas de nous rappeler l'essentiel ?

Je crois vraiment que l'église doit retrouver le chemin d'une vraie louange, d'une vraie adoration dont l'objet sera Dieu, pour ce qu'il est, pour ce qu'il fait, et pour ce qu'il a fait de nous : ses enfants !

Je vous invite à lire « Passeport pour une Louange en esprit et en vérité »[39].

---

[37] Apocalypse 3 : 20

[38] Marc 11:17

[39] Même auteur même collection

Dis maman, c'est quoi un pasteur ?

Après des générations d'une vie nomade de chasseurs-cueilleurs, les hommes sont passés à un mode de vie sédentaire et pastorale. Ils ont commencé à planter des céréales et à élever du bétail.

Leur but n'était pas de se créer un paysage bucolique ni même de retrouver un « paradis perdu » (bien que…), mais bien plus simplement de pourvoir au besoin de leur communauté.

Le berger, ou pasteur, faisait son travail pour que son troupeau fournisse lait, laine, cuir et viande pour la tribu. Ces activités n'étaient pas un passe-temps sans objectif et il ne collectionnait pas les brebis comme des trophées ou des timbres. Bien sûr, il les aimait, les soignait, les défendait au péril de sa vie.

« Ton serviteur faisait paître les brebis de son père. Et quand un lion ou un ours venait en enlever une du troupeau, je courais après lui, je le frappais, et j'arrachais la brebis de sa gueule. S'il se dressait contre moi, je le saisissais par la gorge, je le frappais, et je le tuais »[40].

---

[40] 1 Samuel 17 : 34

Mais il ne perdait pas pour autant de vue l'objectif de productivité du troupeau.

Il devrait en aller de même dans l'église, pour le pasteur d'une assemblée locale qui n'est pas là uniquement pour s'occuper du bien-être des brebis, de les soigner et de les protéger. Encore moins pour leur offrir une « animation » chaque weekend ! Il est là pour que les brebis du Seigneur soient productives, à l'instar de David.

Croire que le pasteur est là avant tout pour s'occuper de vous est une erreur qui vous conduit et le conduit à devenir improductif.

Si vous ne produisez pas de fruits, si vous ne participez pas à l'avancement du Royaume de Dieu, vous n'êtes plus la brebis d'un troupeau, mais un simple animal de compagnie plus ou moins domestiqué. Et ce n'est pas ce que recherche le seul patron de votre pasteur, Dieu lui-même !

« Tout sarment qui est en moi et qui ne porte pas de fruits, le Père le retranche ; et tout sarment qui porte du fruit, il l'émonde, afin qu'il porte encore plus de fruits »[41].

Il est important de réaliser à travers ce verset que l'on peut être « en Christ » et ne pas porter de fruit. Mais cette situation ne peut durer et nous nous exposons à être retranchés.

Le fait est que le Seigneur nous appelle à être productif, à faire les mêmes choses que lui a faites et de plus grandes encore.

« En vérité, en vérité, je vous le dis, celui qui croit en moi fera aussi les œuvres que je fais, et il en fera de plus grandes, parce que je m'en vais au

---

[41] Jean 15 : 2.

Père »[42].

Il nous appelle à travailler afin que son règne vienne. Si notre salut est bel et bien un don de Dieu, il n'en demeure pas moins que nous sommes tous appelés à mettre celui-ci en œuvre :

« Ainsi, mes bien-aimés, comme vous avez toujours obéi, mettez en œuvre votre salut avec crainte et tremblement... »[43]

Alors, cessons de croire que les églises locales sont comme des « restaurants » que l'on choisit en fonction du menu et que de la qualité du « service » dépendra notre « pourboire/offrande ».

N'y allons pas pour y être servis, «... par ce que vous comprenez, toute la semaine c'est moi qui sers les autres ma bonne dame »...

Cessons de croire que le pasteur est notre serviteur, il est avant tout un serviteur de Dieu. S'il est vrai que certains ne le sont pas toujours, c'est loin d'être une généralité.

La plupart de ces hommes et femmes se dévouent, parfois maladroitement et trop souvent au détriment de leur famille et de leur santé, à cette charge pastorale.

Je vous encourage, pour votre propre bien, à mettre en pratique ce principe si important :

« Obéissez à vos conducteurs et ayez pour eux de la déférence, car ils veillent sur vos âmes comme devant en rendre compte ; qu'il en soit ainsi, afin qu'ils le fassent avec joie, et non en gémissant, ce qui ne vous serait d'aucuns avantage ».

---

[42] Jean 14 : 12.
[43] Philippiens 2:12

Maintenant, nous devons admettre que, dans nos églises, il y a aussi beaucoup de gens merveilleux et pleins de zèle pour le Seigneur que les pasteurs ont bridé tant et si bien qu'ils n'ont jamais eu l'occasion de se lever pour servir.

Dans bien des contextes, il est quasi impossible de passer la barrière qui sépare le commun des mortels des « élus » du ministère.

Sous prétexte de soumission, on demande aux gens de s'asseoir et de ne pas bouger sous peine d'être taxé de « rebelle » !

À plusieurs reprises dans ma vie chrétienne, des pasteurs ont exigé de moi de ne pas répondre à mon appel sous prétexte d'obéir au commandement de me soumettre à ceux que Dieu avait placés en position d'autorité.

Si le respect des autorités est bien enseigné dans la Bible, par exemple dans l'épître de Paul qui appelle les chrétiens à la soumission aux autorités et nous demande de prier pour elles, il n'en demeure pas moins que la responsabilité de chacun reste entière concernant la mise en œuvre de son salut.

Dans le Nouveau Testament, le Livre des Actes des apôtres met en récit les débuts de l'Église chrétienne, à Jérusalem, puis dans tout le monde romain, où les premiers chrétiens doivent régulièrement faire face à la persécution des autorités civiles ou religieuses. Face aux autorités religieuses, l'apôtre Pierre prononce cette phrase qui est restée dans les annales :

« Il faut obéir à Dieu plutôt qu'aux hommes »[44].

---

[44] Actes 5 : 29

Nos communautés chrétiennes ne sont pas à l'abri d'abus spirituels. Sous couvert de vouloir du bien aux gens, on a vite fait de mettre leur vie en coupe réglée !

J'ai connu des ministères qui prenaient le droit de vous dire avec qui vous deviez vous marier, quand vous pouviez partir en vacances, quel emploi vous pouviez occuper, etc.

Je me souviens d'un « prophète » qui avait obligé une maman à retirer un poster de husky (le chien de traineau) de la chambre de ses enfants sous prétexte qu'un esprit méchant y était caché, un autre qui s'était octroyé le droit de corriger (physiquement) les enfants d'une maman qui les élevait seule.

Ce sont là des cas extrêmes et qui restent exceptionnels. Une chose est cependant sure, vous n'avez pas à vous soumettre à de tels excès.

En fait, nous sommes appelés à nous soumettre les uns aux autres dans le principe des sphères d'autorités de chacun. Et ses sphères sont définies par les responsabilités que chacun porte.

Mes enfants, mes finances, avec qui je me marie, l'appel de Dieu sur ma vie, sont mes responsabilités, donc ce sont aussi mes sphères d'autorité.

La responsabilité du pasteur (berger) est la productivité du troupeau, ce sera donc là sa sphère d'autorité et, si vous voulez faire part de cette bergerie, vous devrez vous y soumettre.

Maintenant, quand on n'a pas une vision productive de l'église locale et du Royaume de Dieu, on a vite fait de tomber dans un travers qui se retrouve chez beaucoup de chrétiens.

Un mandat !

Depuis longtemps déjà, la question se pose dans les milieux chrétiens sur la mission que Christ a laissé aux apôtres au moment de l'ascension. Souvenez-vous :

« Allez, faites de toutes les nations des disciples, les baptisant au nom du Père, du Fils et du Saint-Esprit, et enseignez-leur à observer tout ce que je vous ai prescrit. Et voici, je suis avec vous tous les jours, jusqu'à la fin du monde »[45].

Déjà, la polémique oppose ceux qui pensent que nous devons faire des disciples dans toutes les nations et ceux qui voudraient discipliner les nations en tant que telles. Je n'entrerai pas dans ce débat aujourd'hui, bien qu'il soit fort intéressant en soi.

Mais avant de vouloir transformer une « nation » pour la voir suivre Christ, essayons humblement de faire ne serait-ce qu'un disciple.

Souvent, dans nos milieux évangéliques, nous avons prêché l'évangile du salut. Nous avons considéré, à tort sans aucun doute, qu'il suffisait que quelqu'un lève la main à

---

[45] Matthieu 28 : 19-20

l'appel et répète après nous la prière dite du salut, pour être sauvé.

« Si tu n'as pas encore invité Jésus-Christ de Nazareth, ressuscité des morts comme Seigneur et Sauveur de ta vie, tu dois dire avec foi cette prière devant Dieu : je reçois, dans mon cœur, Jésus-Christ de Nazareth, comme mon Seigneur et Sauveur personnel. Je confesse, de ma bouche, Le Seigneur Jésus, et je crois, dans mon cœur, que Dieu l'a ressuscité d'entre les morts. Je suis maintenant sauvé et né de nouveau par la puissance du Saint-Esprit. Merci beaucoup, Père éternel, de m'avoir pardonné, sauvé et donné la vie éternelle au nom de Jésus. Amen ».

Rien que les mots « inviter », ou « recevoir » Jésus ont un sens trompeur. Tu veux bien que Jésus rentre dans ta vie, dis ? Allez soit gentil. Tu verras, avec Jésus, tout sera tellement mieux. Et en plus, tu seras sauvé, hein... ça vaut le coup ! Non ? Et, en plus, on sert des cookies après la réunion...

On devrait faire des procès pour « publicité mensongère » à ceux qui prêchent l'évangile comme ça. Bon, évidemment, c'est plus vendeur dit comme ça que : *« Je vous amène l'épée, pas la paix... il vous faudra porter votre croix... on vous persécutera, vous maudira, vous accusera... etc. ».*

Mais le problème de ce « pseudoévangile », c'est qu'il ne produit pas de disciples. Tout au mieux, il produira des « croyants », et encore... Il serait intéressant de faire une étude approfondie des croyances évangéliques. Combien croient, véritablement, parmi les gens qui se rendent tous les dimanches à l'église que : *« Je suis » est avec vous tous les jours, jusqu'à la fin du monde » ?*

Je pense que, si nous réalisions que Jésus est vraiment présent au milieu de nous, jusqu'à la fin du monde, nous ferions plus attention à être ses disciples au quotidien.

Devant mes doutes de plus en plus marqués, certains m'ont dit : « Une fois qu'ils sont croyants et qu'ils viennent à l'église, alors nous pourrons en faire des disciples ». Annoncer la bonne nouvelle ne consiste certainement pas à jeter le péché à la figure des gens et leur dire combien ils sont mauvais. On ne peut cependant pas le faire sans aborder la repentance.

Mais ensuite, comment nous y prenons-nous pour transformer en « disciple » le « pseudo-croyant » qui nous arrive de la dernière croisade d'évangélisation ? Trop souvent, nous devons l'admettre, nous comptons sur les messages du dimanche matin pour opérer cette métamorphose et souvent, année après année, nous constatons l'échec d'une telle stratégie.

Nous nous employons alors, au travers d'entretiens « pastoraux » d'éduquer les nouveaux convertis à avoir un comportement digne de leur nouveau statut.

Je suis passé moi aussi à la « moulinette à dépersonnaliser » ! On m'a fait couper mes cheveux, changer mon style vestimentaire, enlever ma boucle d'oreille… On m'a dit qu'être musicien de rue était indigne de ce que Christ avait fait dans ma vie… On me présentait comme un ancien marginal, un ancien drogué, un ancien déserteur… en un mot, un ancien Mikaël. Mais quid du nouveau ???

Et pour cause ! On n'avait rien fait pour en créer un nouveau ! On s'était contenté de dépouiller l'ancien de tout ce qui ne correspondait pas aux critères de l'église dans laquelle on m'avait, ou plutôt on aurait dû, m'accueillir.

Dieu nous demande-t-il de faire des disciples de Christ ou de faire des marionnettes qui répondent à l'attente de la culture d'église dans laquelle nous allons ?

« Approchez-vous de lui, pierre vivante, rejetée par les hommes, mais choisie et précieuse devant Dieu ; et vous-mêmes, comme des pierres vivantes, édifiez-vous pour former une maison spirituelle, un saint sacerdoce, afin d'offrir des victimes spirituelles, agréables à Dieu par Jésus-Christ »[46].

Si nous voulons participer à l'établissement de l'église, nous devons impérativement construire avec des pierres vivantes.

Comprenons que, dans la construction de ce temple pour la gloire de Dieu, Jésus n'utilise pas des briques, toutes semblables les unes aux autres, mais des pierres vivantes.

N'avez-vous jamais vu deux pierres identiques dans la nature ? Non, bien sûr ! Elles sont toutes différentes, et c'est pourquoi la création de Dieu est si belle ! Quand on construit une maison en pierres de taille naturelles, on n'y applique pas de crépi, car la beauté des pierres ne doit pas être masquée ! Le crépi n'est employé que lorsque l'on utilise des parpaings, tous identiques, faciles à monter, mais pas très élégants !

Il en va de même pour l'église quand elle est construite avec des chrétiens, « pierres vivantes » : c'est moins facile à monter. Il y a plus de travail, car l'on doit trouver quelle pierre s'accordera bien avec telle autre. On doit prendre le temps de nettoyer les pierres pour que ce qu'il y a de mieux en elles soit mis en valeur. Il faut adapter le scellement en fonction de chacune d'elles, imaginer les résultats non pas

---

[46] 1 Pierre 2.4 et 5.

en fonction de sa forme immédiate, mais une fois qu'elle sera intégrée dans l'ensemble.

Quand tout ce travail est fait, notre mur est rendu magnifique par la beauté des pierres. Cela devient une œuvre d'art. C'est l'Église, la fiancée de Christ, et elle est digne de son Roi !

Lorsque l'on cherche à bâtir avec des chrétiens « parpaings » uniformes, la construction va certes plus vite, mais l'on est obligé de lui appliquer un crépi… de religiosité !

Trop de pasteurs veulent construire trop vite, quitte à briser dans leur « moule à briques » la vie des pierres vivantes que Dieu leur a confiée.

Qui dit : pierres vivantes, dit : pierres en constante évolution ! Chaque chrétien, s'il est vivant, est un ministère en devenir. Laissons donc à chacun le temps de devenir la pierre que Dieu veut faire de lui !

C'est lui qui va la tailler, qui va aussi choisir la place exacte où elle sera le mieux ancrée aux autres et aussi où elle aura le plus bel effet !

Dieu, qui sait exactement le but qu'il souhaite atteindre, ne regarde pas les pierres que nous sommes telles qu'elles sont aujourd'hui, mais telles qu'elles seront une fois nettoyées et assemblées à d'autres.

Humainement parlant, nous préférons les briques, bien plus faciles à manier et prêtes à l'emploi.

Nous exigeons souvent des chrétiens qu'ils correspondent au gabarit de notre plan, sinon, nous les « taillons » jusqu'à ce qu'ils s'adaptent à notre vision ou nous les rejetions, persuadés que Dieu lui-même ne pourra rien en faire.

Pourtant, le Seigneur lui-même à une exigence concernant la construction d'un autel en son honneur.

« Si vous me construisez un autel en pierres, vous ne le bâtirez pas en pierres taillées, car en taillant les pierres au ciseau, vous les profaneriez »[47].

Il faudrait vraiment que les pasteurs relisent ce texte avant de se lancer dans…

---

[47] Exodus 20 : 25

Le comportementalisme :

« Un discipolat au rabais »!

Issue des théories de l'apprentissage, l'approche cognitive comportementale vise à aider la personne aux prises avec des difficultés d'adaptation psychologiques à modifier de manière volontaire ses comportements et son système de pensées afin d'amenuiser sa douleur émotionnelle et de vivre plus ou moins en harmonie avec son contexte social et culturel.

L'objectif de la thérapie comportementale est de modifier une manière d'agir ou d'en apprendre une nouvelle qui soit plus adaptative afin de diminuer ou de faire disparaître les comportements inadaptés.

Elle est particulièrement efficace pour traiter deux groupes de personnes : les gens qui ressentent peu de culpabilité et qui sont peu sensibles aux conséquences de leurs gestes, et les gens souffrant de phobies ou de comportements qu'ils ne peuvent contrôler.

Cette approche est considérée comme réduite à l'analyse et à la modification du comportement et de nombreux professionnels la comparent à du « dressage ». C'est pourquoi elle est souvent dénigrée dans les milieux socio-éducatifs.

Elle est pourtant des plus répandues dans l'approche pastorale de nos jours. On nous enseigne ce qu'il faut, ou ne faut pas, faire dans l'église.

Comment parler, s'habiller, prier, quoi dire, comment voter. Et tout cela le plus souvent basé sur une culture religieuse plutôt que sur ce qu'enseigne véritablement la Parole de Dieu.

« Ici, on ne parle pas en langue » ! fut la première chose que me dit un pasteur quand j'ai joint une église après avoir passé quelques mois dans une autre assemblée, qui elle pratiquait les dons.

Dans une autre, au Canada, on m'annonça que, pour être membre, je devais signer un papier comme quoi je m'engageais à ne plus jamais consommer d'alcool et à verser ma dîme tous les mois.

Une autre assemblée refusait la Sainte Cène à ceux qui n'étaient pas baptisés et refusait le baptême à ceux qu'elle considérait inaptes, c'est-à-dire dont le comportement était incompatible avec leur standard de l'église. Une jeune femme convertie depuis des mois n'avait donc, ni accès au baptême, ni à la Sainte Cène parce que « non mariée vivant dans le péché ». Elle avait 4 enfants avec son conjoint qui, lui ne s'était pas converti. Aurait-elle dû se séparer et briser sa famille pour satisfaire cette église ?!?

Paul nous dit :

« Soyez mes imitateurs, comme je le suis moi-même de Christ »[48].

---

[48] 1 Corinthiens 11

Il ne nous a pas demandé de devenir des « pauliens » (petit Saul/Paul de Tarse), il nous a invités à être des « petits Christs », définition exacte du mot « Chrétien ».

Jean le définit encore plus précisément dans sa première épître :

« Celui qui dit qu'il demeure en Lui (en Jésus) doit marcher aussi comme Il (Jésus) a marché lui-même »[49].

Son but est que nous demeurions attachés à Christ dont il reprend ici l'enseignement :

« Moi, je suis la vigne, et vous, les sarments. Celui qui demeure en moi et en qui je demeure, celui-là porte beaucoup de fruit, car, en dehors de moi, vous ne pouvez rien faire ».

Pour être disciples de Christ, nous devons demeurer en Lui ! Il n'y a en fait aucune autre façon de devenir un disciple ! Marcher au quotidien avec le Seigneur, cheminer avec lui dans les bons et les mauvais moments. Passer du temps ensemble !

Si, en tant que ministère, je fais des disciples, ils seront disciples de Mikaël RÉALE, mais si je les ramène toujours à Christ, leur servant simplement de panneau indicateur vers le Maître, alors ils deviendront les disciples de celui avec qui ils passent du temps.

L'évangile de Matthieu nous dit :

« Mais vous, ne vous faites pas appeler Rabbi ;

---

[49] 1 Jean 2 : 6

car un seul est votre Maître, et vous êtes tous frères »[50].

Trop de ministères aujourd'hui ramènent les gens à eux plutôt qu'à Christ. Le culte de certaines personnalités du monde évangélique prêterait à sourire s'il ne détournait pas de nombreux chrétiens de passer du temps avec Dieu personnellement. Pire encore, les gens finissent par ne plus ouvrir leur bible en dehors des études d'un tel ou une telle et perdent tout sens critique.

Chacun est responsable de suivre Christ pour lui-même, et il y aurait certes moins de mauvais conducteurs si moins de gens acceptaient de suivre le premier venu les yeux fermés.

C'est certainement vrai, mais je crois que la responsabilité de ceux qui sont conducteurs sera jugée bien plus sévèrement que celle de ceux qui ne sont que suiveurs[51].

Alors, ministère ou simple chrétien, que chacun s'examine lui-même et que tous recherchent, avant tout, à être un disciple de Christ.

---

[50] Matthieu 23 : 8
[51] Jacques 3:1

Disciple de Christ

Mais c'est quoi un disciple ?

« Alors, on vous livrera aux tourments et l'on vous fera mourir, et vous serez haïs de toutes les nations à cause de mon nom. Et ce sera pour beaucoup une occasion de chutes. Ils se trahiront, se haïront les uns les autres »[52].

Voilà 38 ans que je reconnais le Seigneur Jésus comme mon sauveur personnel. Quelques jours après l'avoir rencontré en Nouvelle-Zélande, je courais m'acheter une bible à la Société Biblique à Auckland et je commençais à dévorer les Évangiles. Ces deux versets de Matthieu que je devais relire bien des fois par la suite m'amenaient chaque fois à me poser cette question : « Comment pouvais-je être sûr que, dans ces temps dont parlait Jésus, je ne ferais pas partie de ceux qui se détourneraient de lui ? »

Aujourd'hui, je peux répondre à cette question. Je pourrais tenir ferme si, dès maintenant, je marche derrière Jésus comme un disciple qui collabore grâce au Saint-Esprit, au plan merveilleux de son créateur.

---

[52] Matthieu 24 : 9-10

D'après le dictionnaire encyclopédique Hachette, entre autres, nous pouvons lire qu'un disciple est une personne qui a reçu l'enseignement d'un maître et qui le met en pratique.

Dans le nouveau dictionnaire biblique, on peut lire qu'il s'agit d'un état. Un disciple étant toujours à l'écoute de l'enseignement du maître et le mettant en pratique.

Dans la bible, Jésus nous enseigne qu'un disciple, c'est celui qui fait la volonté de son Père et que, pour ça, il héritera du royaume de Dieu.

Être un disciple, c'est avant tout accepter d'être enseigné. Jésus, pendant les trois ans et demi qu'a duré son ministère public, n'a pas cessé d'enseigner aux 12, puis aux 70, mais aussi à toute la foule qui le suivait.

Cependant, tous ceux qui ont reçu l'enseignement n'en sont pas devenus pour autant ses disciples, car, comme nous l'avons lu dans la définition au-dessus, la mise en pratique est obligatoire pour recevoir cette qualification. Et là, c'est une question de décision.

Il y a un personnage dans la bible qui m'a touché particulièrement. Daniel, qui, en tant que disciple (il n'est ni roi, ni prêtre, ni prophète) eut une influence incroyable sur son époque en occupant des postes de responsabilités dans le gouvernement de plusieurs rois.

C'est en lisant le livre de Daniel que j'ai compris que, lorsque nous devenons disciples de Dieu, nous n'avons plus rien à craindre de personne, ni roi ni autorité, car c'est à Dieu qu'appartiennent pouvoir et autorité.

Mais pour être un disciple de Dieu, comme l'était Daniel, nous allons devoir nous affirmer dans notre engagement d'obéissance.

> *« Daniel prit la ferme résolution de ne pas se rendre impur »*[53]

Aujourd'hui, si peu de gens savent ce que signifie l'engagement. « On verra bien », semble le credo. Tout semble être à durée limitée, dans nos engagements, dans nos relations, dans nos convictions…

Un ami à moi a été « pro Brexit » jusqu'à ce qu'il ait réalisé que cette situation lui poserait quelques tracas personnels !

Prendre une ferme résolution nous empêchera d'être emportés à tout vent de doctrine, comme Paul nous le dit[54].

Au-delà, cela nous permettra d'être équipés par Dieu

> *« Dieu accorda aux quatre jeunes gens du discernement… »*[55]

Lorsque nous nous engageons, nous n'avons rien à apporter à Dieu, si ce n'est notre obéissance. Mais Il nous équipe afin que nous portions du fruit et ces fruits sont reconnus de tous !

> *« Et lorsque le roi les interrogeait… il les trouvait dix fois supérieurs aux devins et magiciens de son royaume »*[56]

Être un disciple c'est être prêt, comme Daniel et ses amis à offrir notre propre vie.

> *« Je vous exhorte donc, frères, par les compassions de Dieu, à offrir vos corps comme un sacrifice vivant, saint, agréable à Dieu, ce qui sera de votre part un culte raisonnable »*[57].

---

[53] Daniel 1 : 8
[54] Éphésiens 4 : 14
[55] Daniel 1 : 17
[56] Dan. 1.20
[57] Romain 12:1

Sommes-nous prêts à abandonner les projets que nous avions pour nos vies afin de suivre Christ.

Il y a beaucoup de candidats pour vivre ce verset qui dit que nous ferons les mêmes choses que Jésus, et de plus grandes encore. Mais savez-vous quelle a été la chose la plus significative que le Seigneur a faite ?

Il a donné sa vie ! Il a soumis entièrement sa volonté à celle du Père.

« Pas ma volonté, Père, mais la tienne » !

J'ai réalisé que, souvent, je m'étais contenté de discipliner ma chair et de suivre, plus ou moins assidûment, les règles que je pensais être celle de Dieu, sans vraiment chercher à faire sa volonté.

Je crois que c'est le cas pour la majorité des chrétiens que j'ai rencontré dans ma vie, y compris ceux qui étaient dans le ministère.

Si vous observez honnêtement nos pratiques spirituelles et rituelles, même les plus évangéliques et charismatiques, je crois que vous en arriverez à la même conclusion.

Aujourd'hui, j'essaie de toute ma force de servir Dieu dans ses plans plutôt que dans les miens.

Et un jour, il y eut l'Église.

D'une rencontre personnelle à une vie communautaire.

Si tout le fondement du christianisme repose sur le principe d'une rencontre personnel avec le Christ ressuscité, il n'en demeure pas moins que, dès le commencement de l'église, ceux qui ont vécu cette rencontre ont voulu s'assembler.

À aucun moment, nous ne voyons dans la bible que ceux qui reçoivent le Christ ne cherchent à s'isoler pour vivre leur foi de façon individuelle. Bien au contraire, ils se rassemblent afin de « tout mettre en commun » !

L'expression « ils ont tout en commun » se retrouve presque mot à mot dans plusieurs passages du livre des Actes.

Ce sont des résumés textuellement et conceptuellement apparentés. En connexion directe avec le miracle de la Pentecôte et de la première prédication de Simon Pierre[58], Luc résume ainsi les principales caractéristiques de la communauté des premiers chrétiens de Jérusalem : ils sont assidus aux prédications des apôtres, aux réunions communes, à la fraction du pain et aux prières.

---

[58] Actes 2 : 14

La crainte de Dieu semble être dans tous les cœurs et beaucoup de prodiges et de miracles se font par les apôtres.

Tous ceux qui croient ont mis tout en commun. Ils vendent leurs terres et leurs biens et ils en répartissent le produit selon les besoins de chacun.

Chaque jour, tous ensemble, ils fréquentent le temple et rompent leur pain dans leurs maisons (communion). Ils prennent leur nourriture avec joie et simplicité de cœur et louent Dieu tous ensemble.

Leur témoignage du changement radical de vie manifesté ainsi leur amène la faveur de tout le peuple.

Cela a pour résultat que le Seigneur ajoutait chaque jour à leur nombre ceux qui se donnaient à lui » [59] !

Le mot grec *« koinonia »* (communauté) n'est utilisé par Luc qu'ici. Comme l'affirme la tournure *« hapanta koina »* (tout en commun), cela ne signifie pas seulement une harmonie personnelle dans le sens où ils s'aiment les uns les autres. Le concept est poussé bien au-delà dans une vision et une utilisation sociale de la propriété privée. La distribution des recettes des ventes aux démunis est donc une partie intégrante de cette communauté, au même titre que la prédication des apôtres, que la fraction du pain, que la prière et la mission.

C'est pour cette raison que la communauté, comme le dit le verset 47, reçoit la faveur de tout le peuple juif.

Ce changement de paradigme est l'effet du Saint-Esprit répandu à la Pentecôte.

En partageant leurs biens, manifestant ainsi le changement d'objectifs de leur vie, ils démontrent à tous

---

[59] Tiré d'Acte 2 : 42-47 et 4 32-35

qu'ils ont reçu l'Esprit promis, et qu'ils suivent l'appel à la conversion.

Paul, dans sa première épître aux Thessaloniciens, nous parle du processus de la conversion en utilisant le terme grec *« epistrepho »* qui peut se traduire de deux façons.

Se retourner ou se détourner, dans le sens de faire demi-tour ou encore se tourner vers quelqu'un, vers une solution, etc.

Dans le premier cas, il s'agit de la notion d'abandon d'une direction afin d'aller dans une direction opposée. Dans le deuxième cas, la notion est de choisir une personne (dans le sens de prendre parti).

Le sens évangélique du mot, nous nous en rendons compte, implique ces deux notions complémentaires dans les résultats qui doivent découler de notre conversion. Nous devons prendre le parti de Dieu et, pour cela, nous devons nous détourner des idoles que nous avions servies jusqu'à présent.

L'une de ces idoles, qui est servie par tous depuis le jardin d'Éden, est la recherche de l'indépendance : Mammon !

Ce terme araméen désignant une certaine forme de richesse est souvent cité dans la littérature juive dans un sens péjoratif. On le trouve dans les Évangiles dans le même sens, où il personnifie l'argent qui asservit le monde.

« Aucun homme ne peut servir deux maîtres : car toujours, il haïra l'un et aimera l'autre. On ne peut servir à la fois Dieu et Mammon »[60].

---

[60] Matthieu 6:24.

En opposant directement Dieu et Mammon, le Seigneur nous montre que ce n'est pas de l'argent, comme certaines traductions le laissent entendre, qu'il est question.

C'est non seulement la richesse matérielle qui est personnifiée en une divinité à laquelle les hommes sont susceptibles de vouer leur vie, mais aussi la recherche à travers elle d'une indépendance vis-à-vis de Dieu. Son adoration correspond dans la Torah au culte du Veau d'or.

On n'a pas besoin de Dieu, avec toutes ses exigences, on peut s'en fabriquer un nous-mêmes et, de ce fait, garder le contrôle !

Car Mammon veut bel et bien quelque chose. Mammon n'est pas une simple chose, ni même un système, mais une volonté à l'œuvre dans l'histoire.

Et ce qu'il veut, avant tout, c'est séparer l'abondance de bénédiction que Dieu veut pour ses enfants de la dépendance à celui qui est *Adonaï Jireh*, L'Éternel qui pourvoit.

En remettant les possessions matérielles et l'indépendance qu'elle représente à leur juste place, les chrétiens de la première église s'appliquent tout simplement à mettre en œuvre ce que Jésus leur a expliqué quand il a dit :

« Vous ne pouvez servir deux maîtres… »

C'est l'une des raisons pour laquelle j'ai toujours eu du mal avec l'évangile de la prospérité tel qu'il est souvent prêché.

S'il est vrai que je crois que le Père veut que je prospère, « Corps, Âme et Esprit », la Bible entière en atteste, Il ne veut surtout pas que cette prospérité devienne un but en soi. Et encore moins, un signe « tangible » de la qualité de ma relation avec lui.

Quand j'entends des ministères aujourd'hui proclamer que leur prospérité personnelle, la magnificence de leur église, ou le compte en banque de leur ministère sont la preuve de l'approbation de Dieu, j'ai envie de pleurer ! Je pense alors à tous ces pasteurs de brousse que j'ai côtoyés à Madagascar, qui faisaient à pied des dizaines de kilomètres pour prêcher l'évangile et pour qui la prospérité était d'avoir un toit sur la tête et du riz à tous les repas pour leur famille et les gens qui manqueraient autour d'eux.

Le fait est que, depuis bien trop longtemps, à rechercher notre bonheur personnel, nous avons exercé une forme de culte qui n'a pas grand-chose à voir avec ce que Dieu attendait de nous.

Il y a quelque temps, j'ai entendu le Père me dire que nous (l'église) avions remplacé la « communion » par des « réunions » et que nous nous attendions à ce qu'Il bénisse néanmoins nos rassemblements. Je crois qu'il y a une véritable réflexion à mener à ce sujet si nous voulons être à la hauteur du plan de Dieu dans ces temps.

À la recherche du Paradis perdu…

Comme je l'ai déjà expliqué, nous sommes en permanence à la poursuite d'un bonheur perdu. C'était déjà le cas lorsque la première ville que l'on trouve dans la Bible a été construite par Caïn afin de lutter contre l'errance à laquelle il a été condamné après le meurtre de son frère[61]. Plutôt que de se soumettre à Dieu, l'homme cherche toujours des palliatifs aux conséquences de sa rébellion.

La ville est le lieu où l'être humain essaie de construire son bonheur sans Dieu. Victor Hugo l'avait déjà remarqué lorsque, dans la « Légende des siècles », il écrit à propos de la ville construite par Caïn : *« Sur la porte on grava : "Défense à Dieu d'entrer". »*

Ensuite, la deuxième ville dont parle la Bible est Babel. Elle est le symbole de l'humanité qui bâtit une tour pour se faire un nom duquel Dieu est évidemment exclu.

Il est intéressant de noter qu'au chapitre 10 du livre de la Genèse, qui raconte le peuplement de la terre par les fils de Noé, il est dit que chaque famille a peuplé la terre selon la langue de chacun, selon leurs clans dans leurs

---

[61] Genèse 4, 17

nations. Avant Babel, donc, on voit que chacun avait déjà sa langue.

Les commentaires rabbiniques décrivent la société de Babel comme une entreprise totalitaire au sein de laquelle la personne humaine disparaît derrière l'entreprise.

Pour que ce projet puisse se réaliser, la première chose entreprise a donc été d'unifier tout le monde autour d'une même langue. D'uniformiser en quelque sorte les tribus, les clans, les familles… Ça me rappelle la « veste Mao », emblème du maoïsme triomphant, elle devient l'uniforme de la Grande Révolution culturelle prolétarienne dont on connaît les ravages commis en son nom.

Pour construire cette tour, les bâtisseurs de Babel choisiront bien évidemment la brique ! Dieu, lui, bâtit avec des pierres vivantes, comme nous l'avons vu précédemment. Combien d'églises « Babel » avons-nous construites depuis que l'évangile nous a été donné ?

Se faire un nom, dans le langage courant à même une connotation plutôt positive, synonyme de se faire une réputation, d'être connu, d'avoir du succès !

Entre des ministères qui veulent se faire un nom et des gens qui veulent retrouver le paradis perdu, ce qui semble être encore et toujours la motivation principale de l'homme, pas étonnant que l'église soit devenue l'institution qu'elle est aujourd'hui.

Tous les ingrédients étaient là pour que ça tourne au cauchemar. Endoctrinement et abus ont marqué l'église d'une façon indélébile et aux yeux de ceux qui ne veulent plus en entendre parler aujourd'hui, il n'y a rien de bon à y trouver. Nous avons tous connu des amis dans le monde, des parents dans la chair, des frères et sœurs en Christ qui, un jour on finit par déclarer : « Dieu, oui, mais l'église…, bin non » ! Et avouons que, souvent, nous sommes à court d'arguments pour répondre.

Pourtant, le chemin d'Éden est à notre portée. Nous pourrions y retourner et y faire entrer tous ces gens qui ont été meurtris par 16 siècles d'institution. À nous de les conduire…

Au-delà du voile, le paradis retrouvé.

« Alors l'Éternel Dieu le chassa du jardin d'Éden pour qu'il travaille le sol d'où il avait été tiré. Après avoir chassé l'homme, il posta des chérubins à l'est du jardin d'Éden, avec une épée flamboyante tournoyant en tous sens pour barrer l'accès de l'arbre de la vie »[62].

Comme nous venons de le lire, le paradis perdu est la conséquence directe de la faute de l'humanité. Si Dieu conserve tout son amour à Adam et à Eve, il n'en demeure pas moins que les conséquences sont là. Des chérubins, armés d'une épée flamboyante, sont de garde à l'entrée d'Éden. Les choses ne seront plus comme avant.

---

[62] Genèse 3 : 23-24

Pourtant, il semble que la porte ne soit pas définitivement fermée. Dieu continue à visiter ces hommes qu'Il aime plus que tout. Il leur fait même une promesse.

« L'Éternel dit à Caïn : Pourquoi es-tu en colère et pourquoi ton visage est-il sombre ? Si tu agis bien, tu le relèveras. Mais si tu n'agis pas bien, le péché est tapi à ta porte : son désir se porte vers toi, mais toi, domine-le »[63] !

Savez-vous ce qui était brodé sur le voile qui séparait le lieu saint du lieu très saint, où demeurait la présence de Dieu ? Des Chérubins !

« Tu feras un voile de pourpre violette et écarlate, de rouge éclatant et de fin lin retors, orné de chérubins, dans les règles de l'art. Tu le suspendras à quatre piliers d'acacia plaqués d'or, munis de crochets d'or et posés sur quatre socles d'argent. Tu fixeras le voile sous les agrafes. C'est là, derrière le voile, que tu déposeras le coffre contenant l'acte de l'alliance. Ce voile vous servira de séparation entre le lieu saint et le lieu très saint »[64].

C'est ce même voile, derrière lequel Jésus est entré avec son propre sang, qui s'est déchiré de haut en bas et qui aujourd'hui nous donne un accès au-delà du voile.

Le voile du Temple était un rappel constant du péché qui séparait l'humanité de la présence de Dieu. Jésus-Christ, par sa mort, a renversé la barrière entre Dieu et l'homme, si bien

---

[63] Genèse 4 : 6-7
[64] Exode 26 : 31-33

que, maintenant, nous pouvons nous approcher de Lui avec assurance et hardiesse.[65]

C'est là que se trouve notre « paradis perdu » ! Nous n'avons pas à le chercher ailleurs.

---

[65] Hébreux 4.14-16.

Cela ne nous rend pas crédibles !

Cette recherche irrationnelle d'un bonheur égoïste a fait que nous ayons perdu beaucoup en crédibilité quand nous annonçons l'amour de Dieu énoncé dans Jean 3 : 16.

Il y a quelques jours, je regardais un débat à la télévision sur l'écologie où s'opposaient un « écolo-bobo », un « écolo-politique » et un « expert » en mobilité qui accusait l'un et l'autre de ne pas être dans leur pratique de l'écologie en accord avec les principes mêmes de celle-ci. Cela m'a rappelé une expérience vécue dans mon ministère.

Un jour, alors que je questionnais un pasteur évangélique sur le fondement biblique d'une pratique inhérente à sa dénomination, il fut incapable de me donner une explication cohérente. « J'ai appris ça à l'école biblique et c'est comme ça que nous avons toujours fait les choses, mais, en effet, je ne peux l'expliquer bibliquement », me dit-il.

Réfléchissant à sa réponse, j'ai alors moi-même conduit une analyse de pratique de mon ministère pastoral pour m'apercevoir qu'un certain nombre de mes positions avait bien du mal à résister à une confrontation avec la Parole de Dieu.

Bien sûr, elle assurait à mon ministère un certain succès, mais que valait-il aux yeux de Dieu ? Je ne répondrai pas à cette question, car je ne suis pas à même de juger cela. Cependant, il m'a été nécessaire de reconnaître qu'il y avait parfois un gouffre entre ma pratique de l'évangile et ce que la bible en disait.

Pas étonnant que de plus en plus de gens deviennent sceptiques quand on se présente en tant que Chrétien, et plus encore en tant que Pasteur.

On entend depuis quelques années le terme « sceptique » accolé à de nombreuses expressions comme : climatosceptique, eurosceptique, covido-sceptique, etc. En fait le scepticisme semble toucher tous les domaines de l'information tant nous avons été habitués aux demi-vérités et aux vrais mensonges.

Nous ne pouvons dire que le scepticisme soit intrinsèquement mauvais ou bon. Il est à la source de toutes les grandes découvertes et nous permet d'aller voir au-delà des apparences.

Nous sommes en cela les héritiers (victimes ?), une fois de plus, de la pensée grecque qui a façonné depuis des millénaires l'approche intellectuelle et culturelle de l'Occident.

« Or la foi est une ferme assurance des choses qu'on espère, une démonstration de celles qu'on ne voit pas »[66],

rejeté cependant par l'église qui le considérait comme l'opposé de la foi qui se devait d'être aveugle, le scepticisme nous a manqué dans notre compréhension de l'Évangile, dans la façon dont nous l'appliquons et dans la capacité de mettre en question les traditions humaines que l'institution nous imposait.

D'un autre côté, notre scepticisme est un véritable frein à recevoir le Royaume de Dieu.

« Et Jésus les appela, et dit : laissez venir à moi

---

[66] Hébreux 11 : 1

les petits enfants, et ne les en empêchez pas ; car le royaume de Dieu est pour ceux qui leur ressemblent »[67].

Dans le débat sur l'écologie, ce que reprochait l'expert était le manque d'adéquation entre la théorie et la pratique de l'écologie par ceux qui s'en prétendaient les défenseurs.

Ce reproche s'applique de la même façon au corps de Christ. Combien de fois en ai-je fait les frais, en particulier dans le cercle familial ? Combien de fois m'a-t-on mis face aux incohérences entre le discours de l'église et sa pratique !

Quand Cathy et moi étions à l'école biblique en 1991, nous avions eu un cours sur l'évangélisation dans lequel l'orateur nous avez dit : *« Un évangile non prêché ne sera pas confirmé par le Seigneur, mais un évangile non confirmé par la puissance de Dieu ne sera pas crédible »* ! Comme vous pouvez le constater, nous étions dans un cadre très pentecôtiste !

Cela posait bien évidemment une question. Nous étions régulièrement dans les rues ou dans l'église à prêcher l'évangile, mais nous devions reconnaître que celui-ci n'était pas si souvent confirmé par une manifestation de puissance et de guérison. Des tas de raisons étaient donnés pour l'expliquer.

Nous ne vivions plus dans le temps des miracles, cela était réservé aux apôtres, nous ne prêchions pas le vrai évangile, pas pour les bonnes motivations, Dieu est souverain…

Tout le monde y allait de son explication ou de sa « recette miracle » et nombre de livres étaient publiés et j'en

---

[67] Luc 18 : 16

ai lu un certain nombre jusqu'à ce que je réalise que je passais une fois de plus à côté de l'essentiel.

Ce qui rendrait crédible ma prédication de l'évangile n'était pas le nombre de miracles qui s'opéraient dans mon ministère, mais l'adéquation entre ma vie et ma prédication, en particulier dans un domaine :

« Je vous donne un commandement nouveau : aimez-vous les uns les autres ; comme je vous ai aimés, vous aussi, aimez-vous les uns les autres. À ceci, tous connaîtront que vous êtes mes disciples, si vous avez de l'amour les uns pour les autres »[68].

Les scandales à répétition, l'arrogance de certains prédicateurs, les partis-pris politiques parfois douteux, le racisme latent, l'évangile de la prospérité qui relègue les plus pauvres à des chrétiens de seconde zone, quand d'autre accumulent des richesses indécentes, l'orgueil de se croire si supérieur au reste de ce monde et surtout le jugement permanent posé sur lui que nous sommes si prompts à condamner et si peu enclin à aimer comme le Père l'a fait :

Car Dieu a tant aimé le monde, qu'il a donné son Fils unique… [69]

La vérité, c'est que notre évangile n'est pas crédible à cause de la dichotomie que nous avons établie entre notre vie spirituelle et notre vie tout court. Là encore, merci encore à la pensée grecque. Nous ne trouvons plus utile d'appliquer les principes les plus fondamentaux de l'évangile, comme le fruit de l'Esprit au profit de ce qui nous semble plus approprié ou facile d'exercer.

---

[68] Jean 13 : 34
[69] Jean 3 : 16

… vous avez remplacé la communion par des réunions, et vous espérez que je me manifeste dans vos réunions ???

Il est tant que nous nous posions les bonnes questions, quitte à rejeter nos traditions, et que nous nous mettions à vivre l'Évangile avec un « E » majuscule ». Peut-être perdrons-nous en superbe et en contrôle, mais au moins nous gagnerons en crédibilité.

Un mur de l'iniquité ?

Dans l'avant-propos de ce livre, j'ai partagé la vision que Dieu m'avait donnée en Angleterre sur les bâtisseurs de puits qui avaient fini par bâtir des murs. J'aimerais maintenant aller plus loin dans la compréhension de ce que le Seigneur pense des murs que nous construisons.

Il y a une image de Jésus qui ne correspond pas avec l'image idyllique et parfois un peu mièvre que nous nous sommes créée de Lui. Un Jésus qui semble se mettre en colère de façon assez violente. L'épisode figure dans les quatre évangiles, ce qui nous permet d'en déduire son importance.

« Ils arrivèrent à Jérusalem, et Jésus entra dans le temple. Il se mit à chasser ceux qui vendaient et qui achetaient dans le temple ; il renversa les tables des changeurs, et les sièges des vendeurs de pigeons ; et il ne laissait personne transporter aucun objet à travers le temple. Et il enseignait et disait : n'est-il pas écrit : ma maison sera appelée une maison de prière pour toutes les nations ? Mais vous, vous en avez fait une caverne de voleurs »[70].

Nous devons commencer par remettre cette histoire dans son contexte. À cette époque la diaspora juive a touché toutes les nations de l'Empire romain. Et elle y a fait des prosélytes de toutes races et nations. L'eunuque éthiopien, Corneille le Romain, des Grecs, des Macédoniens, des

---

[70] Marc 11 : 15-17 :

Égyptiens, etc. Jérusalem était rempli de ces pèlerins venus pour la Pâque.

Dans cette cour du temple, réservée aux « gentils », un marché s'était ouvert dans lequel des changeurs d'argent s'étaient installés. En effet, les monnaies étrangères ne pouvaient pas être utilisées dans le Temple à cause des images qui y étaient inscrites. Tout étranger qui voulait de coup faire une offrande au temple se devait de passer par un changeur, tout comme les Juifs qui devaient payer l'impôt annuel. Il semble que le temple était devenu une sorte de place financière, avec un rôle politique accru. D'autre part, cette activité de change rapportait un revenu considérable au prêtre qui en avait le monopole.

C'est dans ce contexte que Jésus intervient. Mais au-delà de l'aspect financier de l'affaire, ce qui l'agresse le plus tient dans la question qu'Il pose :

*« N'est-il pas écrit : ma maison sera appelée une maison de prière **pour toutes les nations** ? »*

Tout ce système, qui n'a aucune fondation dans la Torah, établit un mur entre le temple de Dieu et les nations, alors que celui-ci est censé être une maison de prières pour toutes les nations. Ce temple n'est pas celui des Juifs, c'est celui de Dieu !

En citant le prophète Ésaïe à ses interlocuteurs, Jésus rappelle que le plan de Dieu en choisissant Abram est de bénir toutes les nations. D'où son changement de nom.

*« Et l'on ne t'appellera plus **Abram**, mais ton nom sera **Abraham**, car je te fais père d'une multitude de nations »*[71].

---

[71] Genèse, 17 : 5 :

Plus tard, en obéissant à Dieu lorsque celui-ci lui demande Isaac en sacrifice, préfiguration christique par excellence, Abraham ouvre la voie pour la rédemption des nations.

« L'ange de l'Éternel appela une seconde fois Abraham des cieux, et dit : Je le jure par moi-même, parole de l'Éternel ! parce que tu as fait cela, et que tu n'as pas refusé ton fils, ton unique, je te bénirai et je multiplierai ta postérité, comme les étoiles du ciel et comme le sable qui est sur le bord de la mer ; et ta postérité possédera la porte de ses ennemis. Toutes les nations de la terre seront bénies en ta postérité, parce que tu as obéi à ma voix »[72].

Comment Jésus, l'agneau immolé qui enlève le péché du monde (pas seulement des juifs), pourrait-il supporter de voir les étrangers qui viennent adorer Dieu, être humiliés et asservis de la sorte par ceux qui devaient être les porteurs du salut ? Ils se targuent d'être des enfants d'Abraham alors qu'ils tournent le dos à ce dernier !

« Produisez donc du fruit digne de la repentance, et ne prétendez pas dire en vous-mêmes : nous avons Abraham pour père ! Car je vous déclare que, de ces pierres-ci, Dieu peut susciter des enfants à Abraham »[73].

Le plan de Dieu a toujours été de ne faire qu'un d'Israël et des nations.

« Car il est notre paix, lui qui des deux n'en a fait qu'un, et qui a renversé le mur de séparation »[74]

---

[72] Genèse 22 : 15-18
[73] Matthieu : 3 8-9
[74] Éphésien 2:14

Ce mur de séparation, aussi appelé « Soreg », est celui que Jésus est venu abattre au sens propre comme au sens figuré !

Il était en fait qu'une sorte de balustrade qui pouvait facilement s'enjamber, même si des avertissements annonçaient que celui qui la franchissait, encourait la peine de mort.

Elle permettait aux gentils de voir aisément ce qui était de l'autre côté sans pouvoir y accéder. Il semblerait que ce muret n'ait existé uniquement que dans le temple d'Hérode.

Il n'existe pas dans le premier et deuxième temple, et encore moins dans l'ordonnance du tabernacle telle que Dieu l'avait demandé à Moïse ou encore dans celle du tabernacle de David.

Dans les faits, Jésus est venu détruire ce mur spirituel.

« Mais maintenant, par votre union avec le Christ, Jésus, vous qui, autrefois, étiez loin, vous êtes devenus proches grâce au sacrifice du Christ. Car nous lui devons notre paix. Il a, en effet, instauré l'unité entre les Juifs et les non-juifs et abattu le mur qui les séparait : en livrant son corps à la mort, il a annulé les effets de ce qui faisait d'eux des ennemis, par sa mort, il a rendu sans effet la loi avec ses commandements et leurs règles, afin de créer en lui-même un seul homme nouveau à partir des deux, établissant ainsi la paix »[75].

L'abrogation de la loi dont il est question ici est liée à la disparition de la haine qui oppose culturellement Juifs et non-juifs. La loi juive serait-elle donc une cause de haine ?

---

[75] Éphésiens 2:13-15

On pourrait le considérer quand on parle de la loi rabbinique qui avait remplacé la loi de Dieu.

Il est vrai que cette loi rabbinique imposait aux Juifs de limiter le contact avec les non-juifs. En effet, les païens étaient considérés comme rituellement impurs. Cependant, la loi mosaïque exigeait l'acceptation de l'étranger. Elle va plus loin en exigeant de l'aimer « comme soi-même »[76] !

En fait, il semble que Paul fait bien la distinction entre la Loi de Dieu et la loi rabbinique qui était une interprétation religieuse des principes divins. Je vous invite à ce sujet, à lire un autre de mes livres : « Des principes & des lois ».

Dans l'Église primitive, la loi (tradition) rabbinique devint intolérable en son principe. Au nom de cet aspect de la loi, les croyants d'origine juive considéraient comme illicite le fait d'entrer dans la maison d'un croyant d'origine païenne ; la communauté de table était interdite. Comment, dans ces circonstances vivre l'unité en Christ dont nous parlions plus haut ?

Au quatrième siècle, Constantin avait reconstruit le Soreg que Jésus avait abattu, cette fois-ci pour y enfermer les juifs comme dans un ghetto qui a subsisté jusqu'au 20e siècle. L'antisémitisme dans certaines assemblées surfant sur la théologie du remplacement double ce mur de barbelés. Il semblerait que le mur d'inimitié n'a jamais été aussi haut et infranchissable.

Certaines communautés messianiques ont aussi reconstruit le Soreg pour exclure les chrétiens qui refusent de se soumettre à la loi rabbinique. Elles rendent le culte à Dieu si compliqué, sous prétexte de revenir aux « racines juives » que peu de gens peuvent y participer.

---

[76] Lévitique 19 : 34

Pourtant, Jésus revient pour chercher **une** épouse, pas deux. Juifs et non-juifs ensemble greffé sur une même racine, celle de la grâce manifestée en Yeshoua !

Il n'y a de vie que quand on est rattaché à la racine, que nous soyons juifs ou païens. Jésus nous l'a dit *« Je suis le cep, vous êtes les sarments… »* c'est à lui que nous devons la vie.

Comme nous l'avons déjà vu, à l'instar des juifs de l'époque, avons-nous aussi bâti nos « Soreg » ! En fait, aujourd'hui, il est bien plus facile pour un repentant de rentrer dans le Royaume de Dieu que dans certaines de nos églises !

Qu'est devenue l'hospitalité ?

Il y a peu, en quelques mois, des centaines de réfugiés se sont noyés au large des côtes Maltaises. Une ONG a même décidé de faire un procès au gouvernement maltais qui aurait pu et dû secourir ces gens, mais ne l'a pas fait.

Comme si cela n'était pas suffisamment choquant comme ça, j'ai entendu de plusieurs chrétiens qui défendaient le gouvernement, déclarant qu'ils préféraient voir 100 migrants se noyer plutôt que de les voir débarquer et mettre à mal la culture et les valeurs « chrétiennes » de Malte !

J'ai demandé à ces gens de m'expliquer les valeurs « chrétiennes » sur lesquelles ils se basaient pour dire de telles choses, ils n'ont eu comme seule réponse : *« On ne peut pas accueillir toute la misère du monde et encore moins des migrants illégaux ».*

Dubitatif, je leur ai rappelé que :

« L'Éternel, votre Dieu, est le Dieu des dieux, le Seigneur des seigneurs, le Dieu grand, fort et terrible, qui ne fait point de favoritisme et qui ne reçoit point de présent, qui fait droit à l'orphelin et à la veuve, qui aime l'étranger et lui donne la nourriture et des vêtements. Vous aimerez l'étranger, car vous avez été

étrangers dans le pays d'Égypte »[77].

En d'autres termes... Dieu veut que nous offrions un refuge aux réfugiés.

L'église locale dans laquelle je prêchais deux à trois fois par mois à Malte était constituée à 95 % de ce que l'on appelle des migrants. Mon engagement auprès de cette assemblée m'a officiellement fermé la porte de la plupart des autres églises sous le prétexte que je participais à quelque chose d'illégal !

Moïse développe de manière plus poussée ce que cela signifie pour le peuple racheté de Dieu que d'agir avec compassion envers les personnes désavantagées et déplacées :

« Tu te souviendras que tu as été esclave en Égypte, et que l'Éternel, ton Dieu, t'a racheté ; c'est pourquoi je te donne ces commandements à mettre en pratique. Quand tu moissonneras ton champ, et que tu auras oublié une gerbe dans le champ, tu ne retourneras point la prendre : elle sera pour l'étranger, pour l'orphelin et pour la veuve, afin que l'Éternel, ton Dieu, te bénisse dans tout le travail de tes mains. Quand tu secoueras tes oliviers, tu ne cueilleras point ensuite les fruits restés aux branches : ils seront pour l'étranger, pour l'orphelin et pour la veuve »[78].

La justice pour les réfugiés a littéralement été gravée dans la Bible.

Elle se résume à cela : soyez plein de grâce parce que vous avez reçu la grâce vous-mêmes ! Il n'est donc pas étonnant que le concept d'une hospitalité pleine de

---

[77] Deutéronome 10 : 17-18
[78] Deutéronome 24 : 18-20

miséricorde ait été parfaitement saisi par Job, alors qu'il déclare :

> « *Si l'étranger passait la nuit dehors, si je n'ouvrais pas ma porte au voyageur…* »[79]

Jésus fût un migrant dès le plus jeune âge ! Dans le Nouveau Testament, il est important de relever le fait pourtant simple, mais trop souvent négligé que Jésus lui-même était un réfugié ! Alors que le Fils de Dieu n'était qu'un tout petit enfant, ses parents ont dû fuir en Égypte pour le protéger du régime meurtrier d'un dirigeant tyrannique.

Combien de parents ont réagi, comme Joseph et Marie, fuyant des pays en guerre ou en famine pour sauver leurs enfants ! Tout comme Jacob avait été un migrant économique en se rendant en Égypte, tout comme 90 % de la population des USA.

N'auriez-vous pas fait de même ? Moi si ! Mes arrière-grands-parents étaient des migrants qui ont quitté l'Italie, Malte et Palma de Majorque pour des raisons strictement économiques.

Il est bizarre de constater que, lorsqu'un Africain ou un Arabe quitte son pays, il devient un « migrant », alors que, lorsqu'un Français ou un Anglais fait de même, c'est un « expat » ! (Sic)

> « *Joseph se leva, prit de nuit le petit enfant et sa mère, et se retira en Égypte. Il y resta jusqu'à la mort d'Hérode, afin que s'accomplisse ce que le Seigneur avait annoncé par le prophète : J'ai appelé mon fils*

---

[79] Job 31:32

hors d'Égypte »⁸⁰.

En voyant sur nos écrans de télévision ces parents désespérés, s'efforçant d'atteindre cette sécurité qu'ils espèrent obtenir à l'étranger, nous devrions être d'autant plus émus de compassion, que cela a été le même chemin que Christ a dû emprunter.

L'hospitalité devrait être un enjeu majeur pour l'église, puisqu'elle est au cœur de l'Évangile qui est essentiellement l'histoire d'un grand et généreux Roi qui ouvre son cœur, sa maison et qui invite à sa table ses ennemis.

Comprendre le caractère radical de l'hospitalité de Dieu envers nous est crucial si nous voulons comprendre et obéir aux enseignements du Nouveau Testament, tels que :

« Réjouissez-vous en espérance. Soyez patients dans l'affliction. Persévérez dans la prière. Pourvoyez aux besoins des saints. Exercez l'hospitalité »⁸¹.

« Avant tout, ayez les uns pour les autres un ardent amour, car l'amour couvre une multitude de péchés. Exercez l'hospitalité les uns envers les autres, sans murmures. Comme de bons dispensateurs des diverses grâces de Dieu, que chacun de vous mette au service des autres le don qu'il a reçu »⁸².

« Persévérez dans l'amour fraternel. N'oubliez pas l'hospitalité ; car en l'exerçant, quelques-uns ont logé des anges, sans le savoir. Souvenez-vous des prisonniers, comme si vous étiez aussi prisonniers ; de

---

[80] Matthieu 2:15

[81] Romains 12, 12-13

[82] 1 Pierre 4, 8-10

ceux qui sont maltraités, comme étant aussi vous-mêmes dans un corps »[83].

En fait, ces chrétiens à Malte ont clairement exprimé ce qui motivait leur déclaration : la crainte. Dans la bible, celle-ci a fait faire bien des erreurs.

D'Adam qui a peur dans le jardin d'Éden et qui se cache de Dieu à la première ville construite par Caïn afin de lutter contre la peur de l'errance à laquelle il a été condamné après le meurtre de son frère.

Du mensonge d'Abraham vis-à-vis de sa femme qu'il dira être sa sœur à la peur d'Israël devant Canaan.

De la terreur des disciples devant Jésus qui vient à eux dans la tempête à celle qui pousse Pierre à renier son ami dans le jardin de Caïf, Satan a su manipuler avec ce sentiment le cœur des hommes pour qu'ils aillent à l'encontre de leur Dieu.

Plutôt que de craindre l'arrivée des migrants et le cortège de problèmes réels que cela implique, l'église et les chrétiens devraient y voir une réelle opportunité d'atteindre avec l'évangile des gens inatteignables habituellement.

Je comprends que ces craintes puissent paniquer les gouvernements… mais l'église ?!? Pour rappel, *« celui qui voudra sauver sa vie la perdra… »*

Ne vous y méprenez pas, nous serons jugés selon notre hospitalité

« Lorsque le Fils de l'homme viendra dans sa gloire, avec tous les anges, il s'assoira sur le trône de sa gloire. Toutes les nations seront assemblées devant lui. Il séparera les uns d'avec les autres, comme le berger sépare les brebis d'avec les boucs ; et il mettra

---
[83] Hébreux 13, 1-3

les brebis à sa droite, et les boucs à sa gauche.

Alors le roi dira à ceux qui seront à sa droite : venez, vous qui êtes bénis de mon Père ; prenez possession du royaume qui vous a été préparé dès la fondation du monde. Car j'ai eu faim, et vous m'avez donné à manger ; j'ai eu soif, et vous m'avez donné à boire ; j'étais étranger, et vous m'avez recueilli ; j'étais nu, et vous m'avez vêtu ; j'étais malade, et vous m'avez rendu visite ; j'étais en prison, et vous êtes venus vers moi.

Vous souvenez-vous de ce qu'Il dira aux autres ?

L'Alyah de tout le peuple.

Alyah, un terme dont on entend beaucoup parler ces derniers temps, tant dans les médias que dans l'église, désigne concrètement l'acte d'immigration en Terre sainte (Eretz Israël, en hébreu) par un juif. Les immigrants juifs sont ainsi appelés Olim.

Son contraire, le fait pour un Juif d'émigrer en dehors de la Terre d'Israël, est appelé « Yérida », littéralement la descente.

Pour beaucoup de gens, et en particulier les chrétiens, l'Alyah du peuple juif est un signe prophétique de la fin des temps.

Mon but ici n'est pas d'étudier l'Alyah du retour des juifs sur leur terre de façon politique ou même factuelle, mais de l'aborder sous un aspect spirituel et incluant l'église.

En effet, je sens que le Saint-Esprit nous dit que seule une remontée des Juifs, mais aussi de l'Église des Nations, vers leur Dieu, pourrait mettre en œuvre l'accomplissement du retour du Roi des rois !

Il est vrai qu'aujourd'hui nous constatons que l'Alyah est de plus en plus massive pour le peuple juif, comme cela a été prophétisé tout au long de la Bible.

Elle est pour moi le signe qu'une autre vient pour l'église de Christ dans les nations, qui doit-elle aussi remonter de façon spirituelle vers son Dieu.

En quoi me direz-vous l'église a-t-elle besoin de retourner vers Dieu ? Nous sommes chrétiens, sauvés par la grâce et nés de l'Esprit, nous allons à l'église où nous priions dans nos maisons, en tout cas, nous avons une relation personnelle avec Dieu.

Jésus pourrait alors peut-être nous faire la même réponse qu'il a faite à sa génération :

« Ils répondirent et lui dirent : Abraham est notre père. Jésus leur dit : si vous étiez enfants d'Abraham, vous feriez les œuvres d'Abraham ».[84]

Sommes-nous si différents aujourd'hui de ces gens-là ? Je crois en fait qu'à chaque fois que l'homme est pris la main dans le sac, il nie !

« Depuis le temps de vos pères, vous vous êtes écartés de mes ordonnances, vous ne les avez point observées. Revenez à moi, et je reviendrai à vous, dit l'Éternel des armées. Et vous dites : en quoi devons-nous revenir »[85] ?

Jamais, ou vraiment très rarement, je n'ai vu les gens se remettre en question quand ils se sentent accusés. Nous sommes comme ces personnes qui essaient d'argumenter dans le livre de Malachie !

Nous nous sommes éloignés de Dieu, avons attristé l'Esprit, perdu de vue la raison d'être de l'église en lui substituant une sorte de club très privé où l'on attend le retour de Jésus… Et nous nions qu'il y a un problème !

Comment, dès lors, pouvons-nous nous repentir et faire amende honorable ?

---

[84] Jean 8 : 39
[85] Malachie 3 : 7

> « *Si mon peuple sur qui est invoqué mon nom s'humilie, prie, et cherche ma face, et s'il se détourne de ses mauvaises voies, je l'exaucerai des cieux, je lui pardonnerai son péché, et je guérirai son pays* »[86].

Quand allons-nous comprendre ? Quand allons-nous aller vers le Seigneur avec un cœur contrit plutôt qu'avec de bonnes excuses ?

Nous clamons haut est fort que Jésus et Dieu et que nous lui appartenons. Nous nous appuyons sur des versets tels que celui-ci :

> « *Au commencement était la Parole, et la Parole était avec Dieu, et la Parole était Dieu. Elle était au commencement avec Dieu. Toutes choses ont été faites par elle, et rien de ce qui a été fait n'a été fait sans elle. En elle était la vie, et la vie était la lumière des hommes. La lumière luit dans les ténèbres, et les ténèbres ne l'ont point reçue* »[87].

Jésus est la Parole ! Jésus est Dieu, professons-nous ! Je suis pourtant éberlué de voir combien un grand nombre de chrétiens ignorent l'enseignement de base de Christ !

Ils sont capables cependant de défendre bec et ongles des « théologies » parfois loufoques, parfois dangereuses. Certain passent des heures dans la bible pour définir la date et l'heure du retour de Christ, d'autre pour justifier des comportements inacceptables dans leurs pratiques religieuses, d'autre encore pour justifier la faiblesse de l'église dans ce monde, l'absence de miracles, les malades et les morts au milieu de nous…

---

[86] 2 Chroniques 7 : 14
[87] Jean Chapitre 1 : 1 – 5

Cependant, le message le plus crucial de la Parole est piétiné jour après jour sans que personne ne s'en émeuve !

« Je vous donne un commandement nouveau : aimez — vous les uns les autres ; comme je vous ai aimés, vous aussi, aimez — vous les uns les autres »[88].

Au lieu de ça nous avons appris à mépriser les autres membres du corps. Nous sommes aujourd'hui tellement peu enclins à nous aimer, à être unis, à marcher dans la même armée, celle du Roi des rois, que nous vivons exactement ce que l'apôtre Paul avait expliqué aux chrétiens de Corinthe.

Mon épouse, alors que nous apprenions que plusieurs de nos amis chrétiens, ou leurs enfants étaient atteints de cancers ou autres maladies graves m'a partagé une pensée très forte qu'elle recevait de Dieu. Alors que nous priions pour ces amis, elle réalisait qu'il y avait une brèche dans l'église par laquelle la maladie et la mort entraient ! Ce n'était pas la faute des amis pour lesquels nous étions en train de prier, c'était la faute de tout le corps qui était incapable de faire du commandement d'amour de Christ une priorité ! Cette brèche, c'était la division et le manque d'amour !

Ce principe nous est révélé à travers l'enseignement sur la Sainte Cène, acte d'adoration par excellence, tel que nous le décrit l'apôtre Paul :

« C'est pourquoi celui qui mangera le pain ou boira la coupe du Seigneur indignement sera coupable envers le corps et le sang du Seigneur. Que chacun donc s'éprouve soi-même, et qu'ainsi il mange du pain et boit de la coupe ; car celui qui mange et boit sans

---

[88] Jean 13 : 34

discerner le corps du Seigneur, mange et boit un jugement contre lui-même. C'est pour cela qu'il y a parmi vous beaucoup d'infirmes et de malades, et qu'un grand nombre sont morts. Si nous nous jugions nous-mêmes, nous ne serions pas jugés »[89].

Que signifie : « qui mangera le pain ou boira la coupe du Seigneur indignement » ?

Le but de la Sainte Cène est de nous souvenir de la chose la plus essentielle du passage de Jésus Christ sur notre terre. Cette chose n'est ni un enseignement ni les miracles qu'Il a accomplis. Cette chose, c'est le sacrifice rédempteur qu'il a offert pour TOUS ceux qui croient, et cela gratuitement.

Le corps du Seigneur est constitué de tous ceux qui ont cru sans exception !

« Ainsi, nous qui sommes plusieurs, nous formons un seul corps en Christ, et nous sommes tous membres les uns des autres »[90].

Paul nous déclare précisément dans la suite du texte de Corinthiens : *« Car celui qui mange et boit sans discerner le corps du Seigneur, mange et boit un jugement contre lui-même. »*

Ainsi, il nous met en garde contre le danger que représente le fait de mépriser ceux à qui s'adresse ce salut, alors que nous sommes nous-mêmes à son bénéfice.

S'il y a des malades et même des morts parmi nous, c'est parce que certains pensent être aptes à discerner mieux que Dieu lui-même qui fait partie ou non du corps de Christ.

---

[89] 1 Corinthiens : 11.27 à 31

[90] Romain 12 – 5

Cela doit nous rappeler le vieil adage de la paille et de la poutre.

« Si nous nous jugions nous-mêmes, nous ne serions pas jugés ! »

Rappelons que le contexte de la lettre qu'envoie Paul aux Corinthiens est la division. Paul commence sa lettre par une salutation en expliquant que nous sommes sauvés par notre foi en Jésus-Christ, et que cela implique que nous lui appartenons et que, désormais, nous sommes appelés à vivre POUR LUI ! :

« À l'Église de Dieu qui est à Corinthe, à ceux qui, là-bas (à Corinthe), sont appelés à vivre pour Dieu et qui lui appartiennent par la foi en Jésus-Christ (même s'ils ne font pas partie de l'assemblée à qui Paul écrit)… ».

Il continue sa salutation en étendant sa bénédiction à tous ceux qui croient en Christ, quelle que soit leur église locale à Corinthe, en déclarant que leur Seigneur et le sien ne font qu'un !

« … et à tous ceux qui, partout, font appel au nom de notre Seigneur Jésus-Christ, leur Seigneur et le nôtre : Que Dieu notre Père et le Seigneur Jésus-Christ vous accordent la grâce et la paix. »

Paul fait ensuite cet appel pressant :

« Frères, je vous en supplie au nom de notre Seigneur Jésus-Christ : mettez-vous d'accord, qu'il n'y ait pas de divisions parmi vous ; soyez parfaitement unis, en ayant la même façon de penser, les mêmes convictions. »

Il déclare que notre but est d'appartenir au corps de Christ, et en aucun cas à une dénomination quelconque :

« Voici ce que je veux dire : parmi vous, l'un déclare : « Moi j'appartiens à Paul, l'autre : Moi à Apollos ; un autre encore : Moi à Pierre et un autre : Et moi au Christ ».

Enfin, il annonce clairement que le corps de Christ ne peut être divisé !

« Pensez-vous qu'on puisse diviser le Christ ? Est-ce Paul qui est mort sur la croix pour vous ? Avez-vous été baptisés au nom de Paul » ?

Une épouse glorieuse !

« Quant à vous, maris, que chacun de vous aime sa femme comme Christ, a aimé l'Église : il a donné sa vie pour elle afin de la rendre digne de se tenir devant Dieu après l'avoir purifiée par sa Parole, comme par le bain nuptial. Il a ainsi voulu se présenter cette Église à lui-même, rayonnante de beauté, sans tache, ni ride, ni aucun défaut, mais digne de se tenir devant Dieu et irréprochable »[91].

Ces trois versets nous présentent l'église comme épouse de Christ. Pour la faire paraître devant Lui, l'épouse à venir doit être apprêtée comme le fut Esther pour le Roi. C'est un processus qui est long.

Aujourd'hui, la fiancée n'a pas encore atteint cet aboutissement, mais Christ œuvrera jusqu'au jour où Il la fera paraître devant Lui-même.

Maintenant, il nous a confié aussi à nous la tâche de la préparer.

« C'est pourquoi ne soyez pas déraisonnables, mais comprenez ce que le Seigneur attend de vous »[92].

Quel que soit notre appel, nous devons y travailler sans relâche. Le rôle des 5 ministères n'est pas de bâtir l'église, mais d'équiper les chrétiens. C'est Christ qui bâtit l'église.

---

[91] Éphésiens 5.25-27

[92] Ephesians 5:17

Souvent nous inversons les rôles. Nous comptons sur Christ pour transformer les chrétiens alors que nous croyons que nous bâtissons l'Église.

C'est en équipant les chrétiens, comme nous invite à le faire Paul, que nous faisons l'œuvre du Père.

« C'est lui qui a donné les uns comme apôtres, les autres comme prophètes, les autres comme évangélistes, les autres comme bergers et enseignants. Il l'a fait pour former les saints aux tâches du service en vue de l'édification du corps de Christ, jusqu'à ce que nous parvenions tous à l'unité de la foi et de la connaissance du Fils de Dieu, à la maturité de l'adulte, à la mesure de la stature parfaite de Christ »[93].

Alors, ensemble, travaillons à préparer les pierres vivantes avec lesquelles Christ va bâtir cette épouse qu'Il revient chercher.

---

[93] Ephésiens 4 : 11-13

Table des Matières

AVANT-PROPOS	7
LE CULTE, C'EST QUOI ?	11
À LA RECHERCHE D'UN BONHEUR PERDU !	15
LA CLE DU BONHEUR	21
IL NOUS FAUT GRANDIR !	23
DEVENIR CES PERES & CES MERES !	27
OU SONT LES PERES ?	33
POURQUOI EN EST-ON ARRIVE LA ?	35
ET SUR CE ROCHER JE BATIRAI MON EGLISE.	40
DES RESPONSABILITES PARTAGEES !	43
SERVIR LE DIEU VIVANT !	47

DIS MAMAN, C'EST QUOI UN PASTEUR ?	**53**
UN MANDAT !	**60**
LE COMPORTEMENTALISME :	**66**
DISCIPLE DE CHRIST	**70**
ET UN JOUR, IL Y EU L'ÉGLISE.	**74**
A LA RECHERCHE DU PARADIS PERDU...	**80**
CELA NE NOUS REND PAS CREDIBLE !	**86**
UN MUR DE L'INIQUITE ?	**92**
QU'EST DEVENUE L'HOSPITALITE ?	**98**
L'ALYAH DE TOUT LE PEUPLE.	**104**
UNE EPOUSE GLORIEUSE !	**112**
TABLE DES MATIERES	**114**

Du même auteur dans la collection Passeport :

- Passeport pour une nouvelle identité en Christ.
- Passeport : Des Principes & des Lois
- Passeport pour une louange en Esprit et en Vérité
- Passeport: Pour une marche par l'esprit.

Du même auteur hors collection :

- Poursuivi par sa grâce.

Du même auteur : Roman.

- J'étais ailleurs
- Aller simple